W0271818

Klaus Konrad

Mündliche und schriftliche Befragung
Ein Lehrbuch

Forschung, Statistik & Methoden
Band 4
Herausgeber: Dr. Roland Arbinger, Prof. Dr. Reinhold S. Jäger,
Prof. Dr. Peter Nenniger und Prof. Dr. Marold Wosnitza

Verlag
Empirische Pädagogik e. V.
Bürgerstraße 23
D-76829 Landau
Telefon: +49 6341 280 32180
Telefax: +49 6341 280 32166
E-Mail: info@vep-landau.de
Homepage: www.vep-landau.de

Titelbild & Layout
© Harald Baron

Druck
Sowa Warschau

Zitiervorschlag
Konrad, K. (2015). Mündliche und schriftliche Befragung – Ein Lehrbuch (8., erweiterte und aktualisierte Auflage) (Forschung, Statistik und Methoden, Band 4). Landau: Verlag Empirische Pädagogik.

ISBN 978-3-944996-18-9

INHALT

Einführung **1**

1 Alltag und Wissenschaft **3**
1.1 Fragen: eine alltägliche Angelegenheit 3
1.2 Wissenschaftliche Fragen 4
1.3 Von der alltäglichen zur wissenschaftlichen Frage 5

2 Die Befragung als soziale Situation **8**

3 Frage und Antwort **11**
3.1 Forschungsinteressen 11
3.2 Fragen 13
3.3 Antworten 16

4 Die Befragung im Forschungsprozess **18**

5 Mündliche Befragung **22**
5.1 Formen der mündlichen Befragung 23
5.2 Vor- und Nachteile des Interviews 32
5.3 Das „gute" Interview 33
5.4 Durchführung eines Interviews 39
5.5 Beispiel: Schüler-Interview zum selbstgesteuerten Lernen 45
5.6 Auswertung der Interviewdaten 48

6 Der Fragebogen **54**
6.1 Verschiedene Formen von Fragebogen 54
6.2 Computerunterstützte Befragung 55
6.3 Vor- und Nachteile der Fragebogenmethode 60
6.4 Wie werden Fragen sinnvoll formuliert? 63
6.5 Durchführung einer schriftlichen Befragung 69

7 Von der korrekten Befragung bis zur variablengerechten Aufbereitung und Analyse **94**
7.1 Fehler vermeiden 94
7.2 Datenaufbereitung und Auswertung 94

8 Der Ablauf der schriftlichen Befragung **99**
8.1 Allgemeine Problemstellung 99
8.2 Spezifische Problemstellung 100
8.3 Hypothesenbildung 101
8.4 Der Fragebogen 103
8.5 Auswahl der Stichprobe 108
8.6 Durchführung der Studie 108
8.7 Ergebnisse der Befragung 109
8.8 Diskussion 120

9 Rückblick: Von der Vorbereitung zur Auswertung **122**

Literatur **125**

EINFÜHRUNG

Mit der Befragungsmethode lassen sich Vorgänge in Individuen und Gruppen erforschen und es können Unterschiede bzw. Veränderungen innerhalb von Personen oder Personengruppen über die Zeit oder über unterschiedliche Situationen hinweg erhoben werden. Speziell wenn es um subjektive Einstellungen und Merkmale geht, zählen mündliche oder schriftliche Fragen seit langem zu den am häufigsten verwendeten Methoden. Befragungen liefern die Daten, auf deren Basis wichtige Entscheidungen getroffen und begründet werden. Darüber hinaus kommt der Befragung im Zusammenhang mit der Überprüfung spezifischer Hypothesen eine zentrale Rolle zu.

Was soll dieses Buch erreichen?

- „Mündliche und schriftliche Befragung" widmet sich sowohl den Voraussetzungen als auch der praktischen Anwendung der Befragungsmethode. Das Buch soll helfen, die Scheu vor der Durchführung einer systematischen Befragung abzubauen.
- Es ist ein Buch, das die Selbsthilfe unterstützt. Nach dem Durcharbeiten sollten die Leserinnen und Leser die Vor- und Nachteile bestimmter Befragungsformen kennen. Sie sollten ferner in der Lage sein, auf der Grundlage von gegebenen Fragestellungen Informationen in mündlicher oder schriftlicher Form zu erfragen und die Auswertung vorzubereiten.

An wen richtet sich dieses Buch?

„Mündliche und schriftliche Befragung" ist eine elementare Einführung in sozialwissenschaftliche Befragungsmethoden. Der Band richtet sich sowohl an Studierende als auch an Praktiker. Er soll die Erhebung relevanter Daten erleichtern und bei der Überwindung möglicherweise auftretender Hürden behilflich sein.

Wie ist das Buch aufgebaut?

Im 1. Kapitel dieses Buches stehen Gemeinsamkeiten und Unterschiede von alltäglicher und wissenschaftlicher Befragung im Zentrum. Das 2. Kapitel charakterisiert die Befragung als soziale Situation. Einen breiten Raum nimmt Kapitel 3 ein. Hier werden zum einen die Wechselbeziehungen zwischen Forschungsinteressen, Hypothesen, Fragen und Antworten geklärt. Zum anderen werden verschiedene Frageformen und ihre angemessene Anwendung beleuchtet. Auch die „Grounded Theory" kommt zur Sprache. Kapitel

4 stellt die mündliche und schriftliche Befragung in den Rahmen des gesamten Forschungsprozesses. Leserinnen und Leser erhalten Hinweise auf die systematische Durchführung einer empirischen Untersuchung.

In Kapitel 5 rückt die mündliche Befragung in den Vordergrund. Formen der mündlichen Befragung werden ebenso behandelt wie die Vor- und Nachteile des Interviews und dessen optimale Durchführung. Eine Checkliste schließt das Kapitel ab. Das 6. Kapitel widmet sich dem Fragebogen. Neben der systematischen Unterscheidung verschiedener Varianten der schriftlichen Befragung gibt es Informationen zur angemessenen Formulierung von Fragen und zu deren Gütekriterien. Besonderes Augenmerk richtet sich auf die angemessene Anwendung von Ratingskalen und den Umgang mit Antworttendenzen. Kapitel 7 geht auf die häufig vernachlässigte Vorbereitung der Datenauswertung ein. Das Augenmerk richtet sich vor allen Dingen auf die Möglichkeiten der Fehleranalyse und -vermeidung. Kapitel 8 gibt ein Beispiel zum Ablauf der schriftlichen Befragung.

In Kapitel 9 werden schließlich die relevanten Informationen zusammengefasst. Im Mittelpunkt stehen noch einmal alle Schritte von der Vorbereitung der Befragung zur Auswertung der Daten.

Alle Kapitel sind zur besseren Übersicht durch Randbemerkungen kommentiert. Dabei werden die folgenden zwei Symbole verwendet:

Beispiele zur Verdeutlichung

Zwischenzusammenfassung des aktuellen Kapitels

Weingarten, im Februar 2015

Klaus Konrad

1 ALLTAG UND WISSENSCHAFT

Kommunikation

Im Kern bedeutet Befragung nichts anderes als Kommunikation zwischen zwei oder mehreren Personen. Eine Person fragt etwas, sie gibt einen verbalen Impuls, die andere reagiert darauf, sie antwortet. Nichts erscheint einfacher, als Informationen durch Fragen zu sammeln. Fragen zu formulieren und auf Fragen zu antworten ist eine alltägliche Angelegenheit.

1.1 Fragen: eine alltägliche Angelegenheit

Anwendungsmöglichkeiten

Vielfältige Anwendungsmöglichkeiten unterstreichen die große praktische Bedeutung der Befragung:

- ein Fußballclub möchte wissen, warum immer weniger Jugendliche dem Verein beitreten;
- eine Partei interessiert sich dafür, mit wie vielen Stimmen sie bei der nächsten Wahl rechnen kann;
- ein Unternehmer möchte wissen, wie seine Produkte bei den Kunden ankommen;
- ein Jugendamt möchte die Frequentierung eines Jugendhauses und/oder die Freizeitinteressen der Jugendlichen in Erfahrung bringen;
- ein Sozialwissenschaftler möchte etwas über die Wünsche und Motive einer bestimmten Zielgruppe erfahren.

Fragen und Antworten

Es gibt kaum Gespräche im Alltag, die nicht in irgendeiner Weise durch Fragen, Antworten und Gegenfragen geprägt sind. Fragen gehören ganz selbstverständlich zum zwischenmenschlichen Austausch.

Bei der Befragung handelt es sich insofern um einen Sonderfall alltäglicher Kommunikation als die Initiative bei einem der Gesprächspartner liegt: Eine Person beschafft sich die benötigten Informationen bei einer anderen. Das mag der Nachbar sein, der Kaufmann oder ein Beamter.

Individuelle Problemlösung

Letztlich geht es bei den unterschiedlichen Formen der Befragung bewusst oder unbewusst um individuelle Problemlösung. Informationen werden erfragt, um Ungereimtheiten oder Wissenslücken zu beseitigen. Man kann also festhalten (Atteslander, 2003):

- Alltägliche Befragung ist ein sozialer Vorgang, d. h. zwei oder mehr Personen stehen miteinander in Beziehung.
- In jeder Befragung manifestiert sich ein Interesse. Alle Befragungen sind zielgerichtet. Der aktiv Fragenstellende wünscht Informationen.
- Zur „Befragung" zählen die verwendeten Mittel und die unmittelbare Umwelt (z. B. das räumliche Umfeld).
- Das Mittel der Befragung ist die Sprache. Sie verweist auf einen ganz speziellen kulturellen Hintergrund.

1.2 Wissenschaftliche Fragen

Direkt und ökonomisch

Fragen zählen in empirischen Arbeiten zu den am häufigsten verwendeten Methoden der Datenerhebung: sei es ausschließlich in den verschiedenen Formen der Befragung oder als Teil anderer Methoden, so z. B. bei der Soziometrie und der Gruppendiskussion sowie im Experiment (Friedrichs, 1984).

Da der Mensch in der Lage ist, Fragen zu beantworten, wird er vom Forscher oft als Informant in eigener Sache herangezogen: als Berichterstatter über die ethnische Zugehörigkeit, die eigenen Einstellungen, das Wohlbefinden und vieles andere mehr. Es scheint, als gäbe die Technik der Befragung dem Sozialwissenschaftler die Möglichkeit, bestimmte Merkmale seines Forschungsgegenstandes direkter und ökonomischer als durch andere Erhebungsverfahren (z. B. die Beobachtung) zu erfassen (Strack, 1994).

Standardisierte Form

Worin unterscheiden sich alltägliche und wissenschaftliche Fragen? Ein wichtiger Unterschied besteht in der standardisierten Form der Interaktion. Die Fragen werden (vom freien Interview einmal abgesehen) für alle Befragten in derselben, zuvor festgelegten Art und Weise präsentiert, und die Antworten müssen (mit gewissen Freiheitsgraden) in einem für sämtliche Befragten identischen Antwortformat abgegeben werden. Durch diese Randbedingungen werden zugleich wichtige soziale Aspekte eliminiert, die einen bedeutenden Beitrag zur Sprachinterpretation leisten.

Systematisch, zielgerichtet

Die vor allem in Fragebogenuntersuchungen anzutreffende Standardisierung bringt wichtige Kennzeichen der wissenschaftlichen Befragung zum Vorschein: ihre Systematik (z. B. der Entwurf eines Untersuchungsdesigns) und Zielgerichtetheit (z. B. die angestrebte Überprüfung von Hypothesen).

Doch kann damit der Anspruch der Wissenschaftlichkeit noch nicht hinreichend eingelöst werden. Die Erfahrung zeigt, dass auch alltägliche Befragungen bisweilen systematisch und zielgerichtet verlaufen. Man denke nur an die Fragen, die der Arzt seinen Patienten oder die der Richter einem Angeklagten stellt.

Zwei Aufgaben des Forschers

Weder Systematik noch Zielgerichtetheit reichen also aus, um die alltägliche oder professionelle von der sozialwissenschaftlichen Befragung abzugrenzen. Ein dritter Punkt muss hinzukommen: die theoriegeleitete Kontrolle der gesamten Befragung. Indem er den Fortgang der Befragung kontrolliert, erfüllt der Forscher zwei Aufgaben: Er stellt erstens sicher, dass die Befragung dem Anspruch einer wissenschaftlichen Methode genügt. So muss sich der Forscher nicht nur Rechenschaft darüber ablegen, in welchem Umfeld er Forschung betreibt, sondern darüber hinaus dokumentieren, was im Verlauf des dynamischen Einsatzes empirischer Methoden geschieht. Zweitens gibt allein die Kontrolle der einzelnen Untersuchungsschritte Auskunft darüber, inwieweit die erhobenen Daten von den Bedingungen, unter denen die Befragung stattgefunden hat, beeinflusst worden sind.

Totale Kontrolle unmöglich

Es versteht sich von selbst, dass eine totale Kontrolle sozialer Situationen nicht möglich ist. Dies gilt auch für die schriftliche Befragung. Um so wichtiger ist es, sich Gedanken darüber zu machen, was unbedingt so gut wie möglich kontrolliert werden müsste. Wie noch zu zeigen sein wird, sollte man über dieses Problem schon allein deshalb nachdenken, weil Forschungsinstrumente das Antwortverhalten der Befragten in der Regel in erheblichem Maße beeinflussen (Atteslander, 2003).

1.3 Von der alltäglichen zur wissenschaftlichen Frage

Grounded Theory

Der Weg von der alltäglichen zur wissenschaftlichen Frage lässt sich mit Bezug auf die Grounded Theory nach Anselm Strauss (Strauss & Corbin, 1996; Glaser & Strauss, 1965) nachzeichnen. Hauptanliegen des Ansatzes ist nicht die Ableitung einer Fragestellung aus einer bereits vorliegenden Theorie, sondern die Entwicklung einer Theorie.

Mehrperspektivistische Beobachtung

Ausgangspunkt der Forschungsbemühungen innerhalb der Grounded Theory ist die eingehende und mehrperspektivische Beobachtung eines Phänomens, die es ermöglicht, dieses in seiner Tiefe zu erforschen. Nach der fundierten Beschäftigung mit dem Gegenstand wird in weiteren Schritten eine gegenstands- bzw. phänomenorientierte Theorie generiert, die nun wiederum überprüft werden kann.

Theoretisches Modell

Bei genauerer Betrachtung steht die Grounded Theory nicht im Widerspruch zum deduktiven Forschungsansatz, sondern fordert eine Erweiterung des Forschungsprozesses um die Phase der Induktion. Induktion meint, die möglichst breit angelegte Betrachtung der Realität und den Entwurf eines komplexen theoretischen Modells. Forschung bekommt so einen heuristischen Charakter, indem neue Sichtweisen, Aspekte, Alternativen vorgeschlagen und in die Forschungspraxis umgesetzt werden. Wie aus Abbildung 1.1 hervorgeht, sind die Phasen der Theorienbildung und -überprüfung eng miteinander verknüpft und werden fortlaufend weiterentwickelt.

Abb. 1.1: Heuristisches Modell des Forschungsprozesses

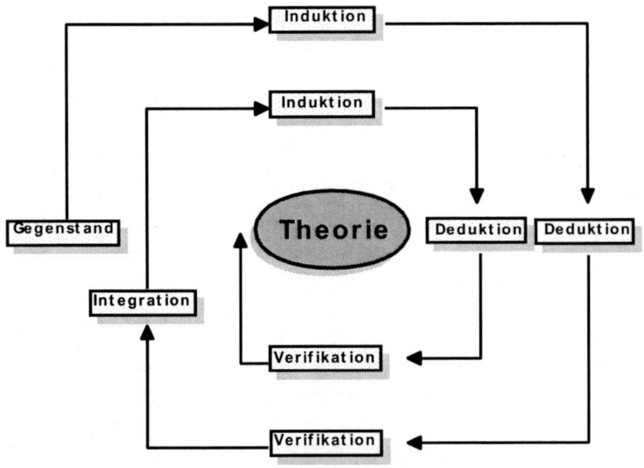

Etwas Neues erfahren

Der Grundgedanke ist, dass jede wissenschaftliche Frage im Alltag entsteht. Da ist oder passiert etwas, das neugierig macht. Bereits das Wort „neugierig" drückt aus, worum es im Alltag wie auch in der Wissenschaft geht: um das Bedürfnis, etwas Neues zu erfahren, zu lernen oder zu verstehen. Ein Beispiel mag das Dargestellte verdeutlichen.

Stellen wir uns einmal vor, ein menschliches Wesen aus einer fremden Kultur besucht in Deutschland einen Sektempfang. Es beobachtet, dass die Menschen aufeinander zugehen, in einem gewissen Abstand voneinander stehen bleiben, sich jeweils eine Hand reichen und sich unterhalten. Der Fremde wird sich fragen, was hat das zu bedeuten? Da er aus einer anderen Kultur kommt, beginnt er seine Beobachtungen mit den Gepflogenheiten seiner Heimat zu vergleichen. Der Mensch könnte beispielsweise folgendes vermuten:

Diese Menschen

- zeigen ihre friedlichen Absichten,
- verhalten sich so, weil ihr Oberhaupt das so verlangt,
- tauschen geheimes Wissen aus.

Genauer beobachten

Gehen wir weiter davon aus, das fremde Wesen gibt sich mit den eigenen Antworten nicht zufrieden. Es beginnt genauer zu beobachten und seine Hypothesen zu überprüfen:

- Machen das alle Menschen?
- Machen sie das nur hier oder auch anderswo?
- Gibt es Variationen dieses Verhaltens?
- Wann, wo und mit wem wird dieses Verhalten wiederholt?
- Ist ein Oberhaupt zu erkennen, das die Menschen anweist?

Zusätzliche Beobachtungen führen schließlich zur Erkenntnis, dass

- das Verhalten auch an anderen Orten stattfindet,
- das Verhalten bezüglich Wortwahl, Gestik usw. variiert.

Weitere Vermutungen

Das Wesen stellt nun weitere Vermutungen an. Vielleicht versucht es, die Menschen über ihr Verhalten zu befragen. Möglicherweise fährt es auch nach Hause, um in Büchern nach ähnlichen Verhaltensweisen zu fahnden. Oder es besucht eine andere Kultur und sucht dort nach diesen Verhaltensweisen.

Gegenstandsbezogenheit

Unser Beispiel veranschaulicht die Schritte von der alltäglichen zur systematischen Frage. Zugleich wird deutlich, dass die in Kapitel 1.2 dargestellten Kriterien für wissenschaftlich relevante Fragestellungen unter Berücksichtigung der Grounded Theory um ein viertes Element erweitert werden müssen: die Gegenstandsbezogenheit. Gemeint ist die Beschäftigung mit konkreten Personen, Situationen oder Ereignissen.

Wissenschaftliche Befragung

- *ist zielgerichtet,*
- *ist systematisch,*
- *findet unter kontrollierten Bedingungen statt,*
- *ist gegenstandsbezogen.*

2 DIE BEFRAGUNG ALS SOZIALE SITUATION

Jede Befragung stellt eine soziale Situation dar. Wie in beliebigen anderen Alltagsbegegnungen gehören dazu Menschen die miteinander sprechen und auch eine bestimmte Umgebung. Es mag zunächst überraschen: Aber von sozialer Situation ist selbst dann zu sprechen, wenn jemand für sich alleine auf einen schriftlichen Fragebogen Antwort gibt. Der Kommunikationspartner muss also nicht anwesend sein; seine Interessen, Ziele und Absichten spiegeln sich im Fragebogen wieder und beeinflussen die Erwartungen sowie die Antwortbereitschaft des Befragten.

Situative Einflüsse

Aus dem Gesagten geht bereits hervor, dass die Einflüsse auf den Befragten vielfältig sind. Im Falle der schriftlichen Befragung (siehe Kapitel 6) bleibt zweifellos die Erhebungssituation die große Unbekannte: Wird der Befragte mit anderen über den Bogen sprechen? Wie war die konkrete Befragungssituation beschaffen? In welcher Umgebung, in welcher Atmosphäre wird befragt? Wie verhält sich der Befragte? Welche Gefühle bringt er zum Ausdruck?

Handelt es sich um eine mündliche Befragung, machen sich andere Einflüsse bemerkbar (siehe Kapitel 5.4) Hier ist der Interviewer stets Teil der sozialen Situation und er ist als kompetenter Gesprächspartner gefordert. Entscheidend ist hier vor allen Dingen die verwendete Sprache. Sprache ist nicht nur soziale Realität, sie schafft auch soziale Realität beim Befragten, indem sie sein Verhalten steuert. Wie versteht das Individuum eine Frage? Was wird durch die Frage ausgelöst? Welche persönliche Bedeutung erhält ein bestimmter Begriff?

Sprache schafft soziale Realität

Was sich in diesen Fragen wieder spiegelt, ist der Tatbestand, dass es sich bei Befragung und Interview um Formen sprachlicher Kommunikation handelt. Befragung bedeutet Kommunikation zwischen zwei oder mehreren Personen. In einer bestimmten Situation werden durch verbale Stimuli (Fragen) verbale Reaktionen hervorgerufen (Antworten). Die Antworten beziehen sich auf erlebte und erinnerte soziale Einflüsse (Atteslander, 2003, S. 120).

Abbildung 2.1 versucht die Komplexität dieser Vorgänge zu verdeutlichen.

Abb. 2.1: Fragen und Antworten als Prozess (modifiziert nach Atteslander, 2003, S. 131)

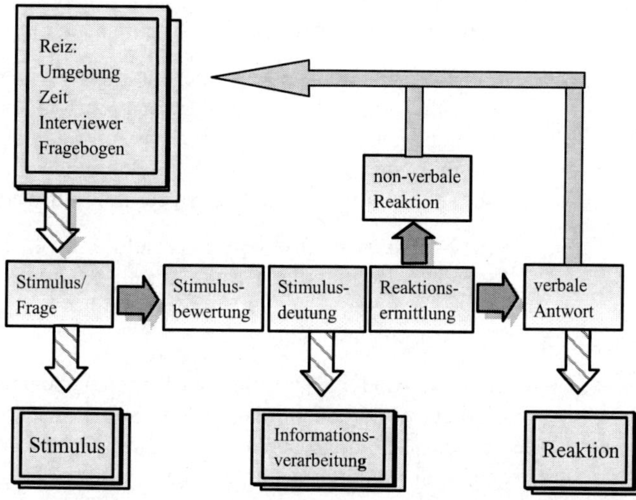

Social Cognition

Die dargestellten Prozesse der Informationsverarbeitung gehören zum Gegenstand der „Social Cognition"-Forschung. Diese beinhaltet die Vorstellung, dass soziales Verhalten nur dann befriedigend erklärt werden kann, wenn die verhaltenssteuernden mentalen Prozesse hinreichend verstanden sind. Wie aus Abbildung 2.1 hervorgeht, hängt die Antwort-Formulierung von einer Vielzahl von kognitiven und emotional-motivationalen Vorgängen ab, die noch dazu eng miteinander verwoben sind. Vorgänge des Verstehens und Urteilens spielen dabei ebenso eine Rolle wie emotional getönte Bewertungen. Empfindungen, Ängste und Erwartungen beim Befragten beziehen sich dabei nicht nur auf die Befragung selbst, sondern auf die gesamte Befragungssituation. Diese kann sich darüber hinaus aufgrund der verbalen oder nonverbalen Signale des Befragten verändern.

Probleme

Für den Prozess der Befragung resultieren daraus zahlreiche bislang ungelöste Probleme. Nur wenig von dem, was sich im Augenblick der Befragung im Befragten und in der jeweiligen Untersuchungssituation abspielt, ist wirklich im Sinne der wissenschaftlichen Objektivität kontrollierbar. Der Grund hierfür liegt auf der Hand: Auch wenn die Befragung in schriftlicher Form durchgeführt wird, stellt sie doch immer eine bestimmte Form von sozialer Interaktion dar. Gleichgültig wie keimfrei diese soziale Situation auch immer gehalten sein mag; sie behält immer ihren spezifisch sozialen Charakter.

Konsequenzen

Aus dieser Einsicht ergeben sich drei Konsequenzen, die für die Ermittlung und Analyse von Befragungsdaten bedeutsam sind.

Situation als Ganzes berücksichtigen

(1) Bei der Analyse und Interpretation der gewonnenen Reaktionen müssen die in der Befragungssituation wirkenden sozialen Faktoren berücksichtigt werden. Reaktionen auf die Umgebung, in der die Befragung stattfindet, spontane Äußerungen, all dies ist für den Forscher von Interesse und sollte protokolliert werden.

(2) Die Befragung selbst muss stets – soweit irgend möglich – unter gleichen Bedingungen (man spricht hier von Bedingungskonstanz; Jäger & Petermann, 1995) durchgeführt werden, wenn die Reaktionen vergleichbar sein sollen.

Situationsfaktoren

(3) Die Analyse zusätzlich wirksamer sozialer Prozesse kann nur gelingen, wenn bekannt ist, welche Situationsfaktoren die Antworten in welcher Richtung beeinflussen. Um solche Einflüsse in Erfahrung zu bringen, reicht es nicht, die verwendeten Fragen und deren Abfolge im Fragebogen oder Interview zu standardisieren. Vielmehr sieht sich gerade der Feldforscher mit der Aufgabe konfrontiert, seine potenziellen Wirkungen und Erwartungen zu reflektieren: Er „hat die Gesamterscheinung menschlich-gesellschaftlichen Verhaltens zu ermitteln, ohne sein eigenes Koordinatensystem auf die fremde Gruppe zu projizieren. Er hat sie unabhängig von seinen kulturellen Selbstverständlichkeiten zu studieren“ (Teuscher, 1959, S. 250).

Eigene Wirkungen reflektieren

Jede Befragung stellt eine soziale Situation dar. Das befragte Individuum reagiert bewusst oder unbewusst auf die gesamte Befragungssituation, was zur Folge hat, dass alle möglichen Fehlerquellen der Kommunikation wirksam werden können (Ingenkamp & Lissmann, 2008). Für den Forscher resultieren daraus gravierende Konsequenzen:

- *Eine Befragung ist als Kommunikationssituation – einschließlich ihrer Fehlerquellen – zu begreifen.*
- *Alle Äußerungen und Reaktionen des Befragten auf die soziale Situation sind zu protokollieren.*
- *Die Befragung sollte stets unter gleichen Bedingungen durchgeführt werden.*
- *Der Forscher sollte in der Befragungssituation seine Erwartungen und Wirkungen analysieren.*

3 FRAGE UND ANTWORT

Ausgangspunkt einer Befragung sind die Anliegen und Erkenntnisinteressen des Forschers. Die Ziele des Forschers sind so etwas wie die Tür zum untersuchten Forschungsfeld.

3.1 Forschungsinteressen

Deduktion oder Induktion

Je nach wissenschaftstheoretischem Hintergrund sowie konkreter Zielsetzung kann der Forscher von einer Theorie ausgehen und Hypothesen an der Realität überprüfen (Deduktion) oder er kann induktiv vorgehen, d. h. die Realität betrachten, um daraus eine Theorie zu generieren (Induktion, siehe Abbildung 3.1). Beide Ansätze schließen sich nicht notwendigerweise aus, sondern stellen verschiedene Phasen im Forschungsprozess dar (siehe Abbildung 1.1).

Abb. 3.1: Induktion und Deduktion

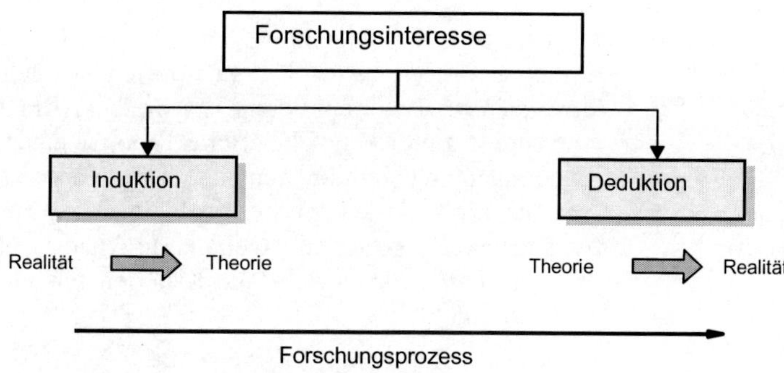

3.1.1 Theoriegeleitetes Forschungsinteresse

Antworten Methoden Personen

Von der präzisen Formulierung der Forschungsziele hängt es ab, ob die empirischen Vorgehensweisen die richtigen Antworten produzieren oder nicht. Ebenso hängt davon ab, wie die Fragestellungen (d. h. mit welchen Methoden), wer (d. h. welche Personen, Gruppen oder Institutionen) und was (d. h. welche Prozesse, Handlungsweisen, Lebensstile) in die Untersuchung einbezogen werden sollten.

In der Regel sind mit vorhandenen Problemstellungen bereits bestimmte Erwartungen oder gar Hypothesen verknüpft, deren Zutreffen oder Nicht-Zutreffen letztendlich überprüft werden soll. Die Fragen eines Interviews oder eines Fragebogens sind Ausdruck dieser Forschungsziele. Mit ihrer Hilfe will der Forscher jene Informationen einholen, die er zur Bestätigung oder Widerlegung seiner Vermutungen benötigt. Die Frage ist demnach das Bindeglied zwischen den Inhalten bzw. Variablen der Hypothesen und den Antworten (siehe Abbildung 3.2).

Abb. 3.2 : Frage als Bindeglied zwischen Hypothese und Antwort

Forschungsziele → Hypothese → Frage → Antwort

Fragen und Hypothesen

Fast nie entspricht einer Hypothese nur eine Frage; vielmehr müssen zahlreiche Fragen formuliert werden, um eine Hypothese zu überprüfen. Generell gilt: Je komplexer ein Problem oder eine Hypothese, desto mehr Fragen sind erforderlich. Von daher wird auch klar, warum Hypothesen nicht mit einzelnen Fragen identisch sind.

3.1.2 Gegenstandsbezogenes Forschungsinteresse

Gegenstands- und datenverankerte Theorienbildung

Die bereits in Kapitel 1.3 erwähnte Grounded Theory (Strauss, 1987; Strauss & Corbin, 1996) lässt sich treffend als gegenstands- oder datenverankerte Theorienbildung beschreiben. Am Anfang steht nicht eine bereits hinreichend elaborierte Theorie, sondern es existieren offene Fragen zu einem Phänomen. Die systematischen Techniken und Analyseverfahren des Ansatzes befähigen den Forscher, eine induktiv abgeleitete, gegenstandsverankerte Theorie über dieses Phänomen zu entwickeln, welche die Kriterien für „gute" Forschung erfüllt, nämlich

- Übereinstimmung,
- Verständlichkeit,
- Allgemeingültigkeit und
- Kontrolle.

Das Erkenntnisinteresse zielt auf die Entwicklung einer Theorie der alltäglichen Wirklichkeit. Diese Entwicklung kann nur gelingen, wenn die Theorie

- sorgfältig aus den Daten abgeleitet wird,
- mit dem Gegenstandsbereich übereinstimmt und
- für die untersuchten Personen wie auch für Praktiker in diesem Bereich sinnvoll und verständlich ist.

Sensibilität, Kreativität

Die Grounded Theory will einerseits den Forschungsprozess regeln und präzisieren, andererseits will sie ein hohes Maß an Handlungsfreiheit ermöglichen. Unabdingbare Voraussetzungen für die angemessene Nutzung der Grounded Theory sind laut Strauss und Corbin (1996) theoretische Sensibilität und Kreativität. Solche Eigenschaften sind notwendig, um angemessene Fragen an die Daten zu stellen, neue Einblicke in das untersuchte Phänomen zu finden und daraus neue theoretische Erkenntnisse zu gewinnen.

3.2 Fragen

Sachinformationen

Durch Fragen erhält man wichtige Sachinformationen und einen Einblick in Standpunkte, Meinungen und Motive eines Dialogpartners. Welche Fragen gestellt werden, hängt von den Erkenntnisinteressen des Forschers ab. Zielt die Befragung auf ganz konkrete Informationen, so wird man beispielsweise keine indirekten Fragen stellen.

Meinung, Verhalten

Ganz grob lassen sich Fragen folgendermaßen klassifizieren (Friedrichs, 1984; Jäger & Petermann, 1995; siehe Tabelle 3.1):

Tabelle 3.1: Verschiedene Arten der Frage

Arten von Fragen	Beispielfrage
Meinungsfrage	Was halten Sie vom Sonntagsfahrverbot?
Verhaltensfrage	Wie haben Sie den Sonntag verbracht?
Faktenfrage	Wie heißt die Hauptstadt von ...?
Demografische Frage	Sind Sie männlichen oder weiblichen Geschlechts?
Einschätzungsfrage	Wie sehr sind Sie überzeugt von ...?
Bewertungsfrage	Wie wichtig ist Ihnen ...?
Einstellungsfrage	Was denken Sie über ...?
Handlungsfrage	Was tun Sie, wenn ...?

Reaktion auf die Frage

Orientiert sich die in Tabelle 3.1 vorgenommene Systematisierung an den Interessen des Forschers, so ist aus der Perspektive des Antwortenden vor allem von Bedeutung, in welcher Weise er auf die Fragen reagieren kann. Diese Unterscheidung bezieht sich darauf, ob eine Frage offen oder geschlossen formuliert ist.

3.2.1 Offene und geschlossene Fragen

Die offene Frage ist eine Frage ohne Antwortvorgabe. Der Befragte muss seine Antwort selbst formulieren („Wie verbringen Sie Ihre Freizeit?"; „Wie denken die meisten ihrer Kollegen über ihren Chef?"). Werden Fakten erfragt (z. B. Wissensfrage), muss sich der Befragte erinnern, bei der Meinungsfrage produziert er etwas (Mayntz, Holm & Hübner, 1972).

Wann ist die Verwendung offener Fragen empfehlenswert? Offene Fragen sind angezeigt, wenn

- die Information über die Einstellung von Personen zu einem gegebenen Problem gering ist,
- der Bezugsrahmen des Befragten ermittelt werden soll,
- differenzierte Einstellungen, z. B. von Extremgruppen, erhoben werden sollen.

Bei geschlossenen Fragen sind die Antwortmöglichkeiten in die Frage selber eingebaut (Beispiel: „Sind Sie dafür, dass die wöchentliche Arbeitszeit weiter verkürzt wird?"... stark – weniger stark – gar nicht). Handelt es sich um Fakten, so verlangt die geschlossene Frage vom Befragten, dass er sich an etwas erinnert, bei Meinungsfragen reproduziert er etwas. Auch bei den geschlossenen Fragen ist eine differenziertere Betrachtung möglich: Drei Typen von geschlossenen Fragen lassen sich unterscheiden (Atteslander, 2003, S. 162; siehe auch die Beispiele in Kapitel 5.1.3):

- Identifikationstyp: wer, wo, wann, wie viele, welche, warum ...
- Selektionstyp: eine oder mehrere Antwortmöglichkeiten
- Ja-Nein-Typ: mit ja oder nein antworten

Tabelle 3.2 fasst die Schwerpunktsetzungen beider Frageformen noch einmal zusammen (Saldern, 1998, S. 59).

Tabelle 3.2: Wie viel Spielraum wird gegeben?

Offene Fragen	Geschlossene Fragen
keine feste Antwortmöglichkeit	Antwortmöglichkeiten vorgegeben
Befragter muss sich an etwas erinnern	Befragter muss etwas wiedererkennen
für Vortest gut geeignet	müssen vorher sauber durch Vortest konstruiert werden
Unwissenheit, Missverständnisse, Bezugssysteme werden aufgedeckt	Hintergründe der Antwort oft nicht erkennbar
qualitative Information	quantitative Information
schwer auswertbar	leicht auswertbar

Ausführliche Aussagen, geringe Ermüdung

In der Praxis enthalten mündliche und schriftliche Befragungen häufig sowohl offene als auch geschlossene Fragen. Offenen Fragen kommt dabei ein doppelter Stellenwert zu: (1) Sie ermöglichen ausführlichere Aussagen und (2) die Ermüdung bei der Befragung – aufgrund vieler geschlossener Fragen – wird verringert.

3.2.2 Fragestellungen im Rahmen von Untersuchungen nach der Grounded Theory

Freiräume

Untersuchungen, die auf der Basis der Grounded Theory durchgeführt werden, erfordern Fragestellungen, die genügend Freiraum und Flexibilität gewähren, um ein Phänomen in seiner Tiefe erforschen zu können. Dieser Forderung liegt die Annahme zugrunde, dass ein interessierender Gegenstandsbereich niemals ganz erforscht ist. Selbst wenn schon Bezüge und Konzepte zu diesem Phänomen gefunden und identifiziert wurden, sind neue Erkenntnisse – unter Einbeziehung der bisherigen Ergebnisse – zu erwarten. Daraus leitet sich die Notwendigkeit ab, einen Typ von Fragestellungen zu entwickeln, der es ermöglicht, auf wichtige, bisher nicht bekannte Probleme und Themen Antwort zu finden.

Am Beginn des Forschungsprozesses steht eine offene und weite Fragestellung, die das Phänomen bestimmt, welches untersucht werden soll. Sie beschreibt, was man untersuchen und über einen Gegenstand wissen möchte. Fragestellungen in der Grounded Theory besitzen immer eine Prozess- und eine Handlungsorientierung. Gefragt wird beispielsweise nach der Art und Weise, wie bestimmte Ereignisse im Leben bewältigt werden. Es wird versucht, möglichst viele Einflussfaktoren und situative Variablen zu beschreiben, die ein Phänomen beeinflussen. So wird zum Beispiel bei der Bewältigung danach gefragt: Was ist für die Personen in dieser Situation bedeutsam? Wovon hängt der Erfolg der Bewältigung ab? Erst im weiteren Verlauf des Forschungsprozesses interessieren kausale Zusammenhänge und Determinanten des Phänomens.

Roter Faden

Die anfängliche Fragestellung kann als ein Wegweiser oder Einstieg in den Forschungsprozess verstanden werden. Sie dient dem Forschenden als Orientierung oder als roter Faden, an dem er sich im Gesamten Prozess der Datensammlung und -auswertung orientiert. Mit der Analyse der Daten (Wosnitza & Jäger, 2006) beginnt auch die Spezifizierung der Fragestellung. Dabei besteht stets ein Zusammenhang mit den erhobenen Daten. So wird die sukzessive Präzisierung der Fragestellung transparent und nachvollziehbar; zugleich wird die Frage zu einem wichtigen Teil des Forschungsprozesses. Nimmt man das Beispiel der Analyse eines kritischen Lebensereignisses, so könnte es sich im Zuge der Datenaufbereitung als sinnvoll erweisen, nur eine bestimmte Personengruppe zu untersuchen: Wie bewältigen bestimmte Kinder eines Kindergartens den Schuleintritt? Warum gerade diese Kinder ausgewählt wurden, müsste nun aufgrund der Daten der ersten Erhebungsphase begründet und nachvollziehbar gemacht werden.

3.3 Antworten

Auf Fragen gibt es Antworten. Antworten spiegeln in erster Linie subjektive Positionen der befragten Person wider. Sie kann sich damit mehr oder weniger den Erkenntnisinteressen des Forschers nähern. Wie das folgende Beispiel zeigt, handelt es sich hier um einen äußerst komplexen Vorgang.

Angenommen eine Person wird gefragt: „Wie war Ihre Selbstbeteiligung während dieser Fortbildungsveranstaltung?" Die befragte Person antwortet, ihre Selbstbeteiligung sei manchmal hoch gewesen. Was können wir aus dieser Antwort schließen? Im Grunde genommen recht wenig, da die Information sehr vielschichtig ist. Die Antwort

- besagt nichts über die Gründe des Befragten,
- hängt vom Bezugsrahmen des Befragten ab,
- hängt vom Informationsstand des Befragten ab,
- hängt von der Art der Frage ab,
- hängt von der Anordnung der Frage in der Gesamtbefragung ab und
- bezieht sich nur auf eine Dimension der Frage.

Antwortfindung

Der Vorgang der Antwortfindung wird mit bezug auf Prinzipien der Social Cognition Forschung verständlich. In dieser Perspektive stellt sich die Befragung als eine spezielle Interaktion dar, in der ein Fragesteller auf bestimmte Art und Weise von einem Befragten Informationen über einen bestimmten Sachverhalt bekommen möchte.

Interpretation, Urteil bilden, Antwort formulieren

Bei der Beantwortung einer Frage lassen sich vier psychologische Aufgaben unterscheiden. Diese Aufgaben betreffen die Verarbeitung von Informationen und folgen im Wesentlichen einer bestimmten zeitlichen Sequenz:

- Eine Frage muss zunächst interpretiert werden.
- Dann kann der Befragte eine Meinung generieren, die er anschließend dem vorgegebenen Antwortformat anpassen muss.
- Schließlich kann die Antwort in Einklang mit den aktuellen motivationalen Bedürfnissen des Antwortenden formuliert werden.

Logik der Gesamtaufgabe

Es entspricht der Logik der Gesamtaufgabe, dass Interpretation, Generieren einer Meinung, Formatierung und Formulierung als zentrale psychologische Teilaufgaben in der Regel aufeinander folgen und sich in einen Prozess eingliedern, der mit der Äußerung der Antwort endet (Strack, 1994). Fehlerquellen, die im Prozess der Antwortfindung unvermeidbar sind, werden in Kapitel 5.3.2 erläutert.

Was bisher nur angedeutet wurde, soll im folgenden Kapitel systematisch behandelt werden: Die Unterschiede zwischen mündlicher und schriftlicher Befragung und deren Einbindung in den Forschungsprozess.

- *Kognitive Prozesse der Antwortfindung werden vor dem Hintergrund der Social Cognition Forschung verständlich, die vier psychologische Aufgaben unterscheidet: Interpretation, Urteilsbildung, Formatierung und Formulierung der Antwort.*
- *Maßgeblich für die Wahl des Antwortformats ist der Forschungsgegenstand. Weiß der Forscher noch relativ wenig über den Forschungsgegenstand, wird er eine offene Frageformulierung im Rahmen einer mündlichen Befragung wählen, da er nicht alle Antwortmöglichkeiten kennt. Ist der Forscher dagegen mit dem Problembereich vertraut und geht es um die Überprüfung spezifischer Hypothesen, so wird man auf eine geschlossene Formulierung zurückgreifen. Aus der Perspektive der Fragebogenauswertung ist die geschlossene Frage vorzuziehen. Die Befragungsergebnisse sind eindeutig und vergleichbar.*

4 DIE BEFRAGUNG IM FORSCHUNGSPROZESS

Zwei Methoden der Befragung

Um Hinweise auf vorab formulierte Forschungsfragen zu erhalten oder eine aufgestellte Hypothese zu verifizieren, existieren in der Sozialforschung zwei häufig verwendete Methoden der Befragung:

- Bei der **schriftlichen Befragung** soll der Befragte ohne Einwirkung des Interviewers einen Fragebogen ausfüllen. Hier ist die Kontrolle der Interviewsituation für den Forscher nicht möglich.
- In der **mündlichen Befragung** kann direkt auf die befragte Person eingegangen werden. Abhängig vom Grad der Standardisierung können Fragen mehr oder weniger flexibel beantwortet werden (siehe Kapitel 5.1).

Gleichgültig, ob der Forscher eine mündliche oder schriftliche Befragung zur Prüfung von Theorien plant oder Probleme vor Ort mit Hilfe dieser Methoden beheben möchte: Der gesamte Forschungsprozess ist als Problemlösung zu verstehen, die normalerweise in bestimmte Phasen unterteilt werden kann (siehe Abbildung 4.1). Die in Abbildung 4.1 präsentierte schematisierte Darstellung des Forschungsablaufes informiert über die zentralen Arbeitsschritte, die bei der Durchführung eines Forschungsvorhabens zu beobachten sind. Diese Liste hat die Funktion einer groben Übersicht; sie ist keineswegs als unabänderlich Vorgehensweise zu begreifen. Es ist außerdem anzumerken, dass die genannten Ablaufdimensionen lediglich aus analytischen Gründen getrennt worden sind. Im eigentlichen Forschungsvorgang ist mit engen Verknüpfungen zwischen den einzelnen Dimensionen zu rechnen. Diese reichen von der Problembenennung, über die Gegenstandsbenennung, die Durchführung der Befragung und die Analyse der Daten bis zur Anwendung der Ergebnisse.

Abb. 4.1: Fünf Phasen des Forschungsablaufs (siehe Atteslander, 2003, S. 22)

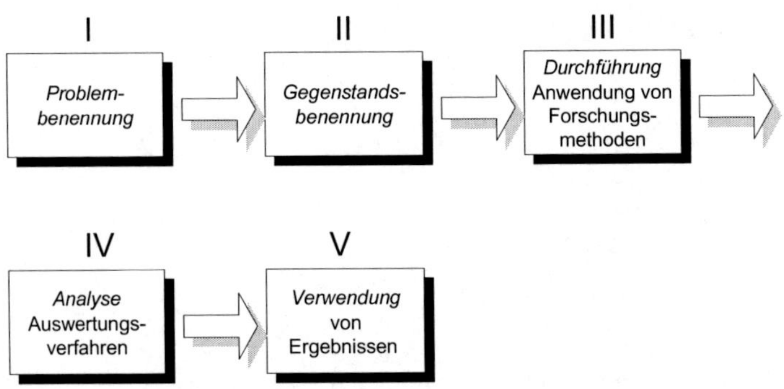

Bei genauerer Betrachtung lassen sich diese fünf Kategorien zehn Phasen zuordnen. Die in Klammern genannten römischen Ziffern symbolisieren die in Abbildung 4.1 präsentierten Forschungselemente:

- **Relevanz der Untersuchung (I):** Forschung ist Zweck gerichtet, wird aber auch von mehr oder weniger bewussten Annahmen sowie vom Menschen- und Weltbild des Forschers bestimmt.
- **Fragestellungen, Hypothesen, Probleme (II):** Zwei Problembereiche sind in dieser Phase wichtig: (1) das Vorverständnis des Forschers und (2) der Übergang von eigenen Voranname zu Forschungsfragen oder -hypothesen.
- **Festlegung der Forschungsstrategie (II-III):** Die Forschungsstrategie wird im Forschungsdesign präzisiert. Wesentliche Entscheidungen betreffen Fragen wie: (1) Will ich ein Phänomen einmal erfassen bzw. messen oder mehrmals? (2) Benötige ich eine Kontrollgruppe oder nicht?
- **Festlegung der Messinstrumente (III):** Ob eine mündliche oder schriftliche Befragung präferiert wird, hängt ab von der Fragestellung, der Zugänglichkeit zur Stichprobe und vom finanziellen Rahmen.
- **Festlegung von Grundgesamtheit und Stichprobe (III):** Da man im Normalfall nicht alle Betroffenen (Grundgesamtheit oder Population) befragen kann, wird man eine Stichprobe ziehen. Ziel ist es, eine repräsentative Aussage über die Wirklichkeit zu treffen. Von der Stichprobe wird auf die Population rückgeschlossen.
- **Durchführung der Befragung (III):** Bei der Datenerhebung ist vor allem zu entscheiden, in welchem Maße der Forscher in den Prozess eingreift. So können bei Fragebogenuntersuchungen Versuchsleitereffekte einen erheblichen Einfluss auf das Ankreuzverhalten haben.
- **Datenaufbereitung (IV):** Daten werden üblicherweise als Datei in Form einer Matrix erfasst. Mit Informationsverzerrung ist zu rechnen, wenn Daten aggregiert (d. h. wenn aus mehreren Daten ein neues Datum abgeleitet wird) oder (etwa durch Computerprogramme) zergliedert (d. h. in separate Dimensionen aufgeteilt) werden.
- **Statistische Auswertung (IV):** Methoden der Statistik sind unverzichtbar zur Überprüfung von Forschungsfragen oder -hypothesen (Wosnitza & Jäger, 2006). Allerdings wird der Statistik vielfach mehr Gehalt zugewiesen als ihr eigentlich zusteht.

- **Präsentation, Entscheidungen, Interpretation (V):** Erklären und Verstehen zielen gemeinsam auf Erkenntnis. Auch quantitative Forschung ist ohne interpretierende Verfahren nicht denkbar. Um eine statistische Tatsache auf das Niveau einer inhaltlichen Aussage zu heben, bedarf es der Einsicht in soziale Bedeutungen; dies setzt das Wagnis der Interpretation voraus.
- **Verallgemeinerungen und Bericht (V):** In dieser letzten Phase eines Forschungsprojektes geht es um die Frage, was mit den Ergebnissen geschehen soll. Letztlich steht das Theorie-Praxis-Problem – und damit die Lösung praktischer Probleme – im Fokus.

Forschungsproblem

Welche der zu Beginn des Kapitels genannten Erhebungsarten, die Interviewtechnik oder die Fragebogentechnik, vorzuziehen ist lässt sich nur in Verbindung mit einem konkreten Forschungsproblem klären. Der wichtigste Unterschied zwischen schriftlichen und mündlichen Befragungen liegt in der Erhebungssituation (siehe die Kapitel 5.4 und 6). Schriftliche Befragungen erleben die Befragten als anonymer, was sich günstig auf die Bereitschaft zu ehrlichen Angaben und gründlicher Auseinandersetzung mit der erfragten Problematik auswirken kann.

Vorkenntnisse

Schriftliche Befragungen sind hinsichtlich des Befragungsinstrumentes in höchstem Maße standardisiert; die Gestaltung der Befragungssituation und die Begleitumstände beim Ausfüllen eines Fragebogens liegen jedoch in der Hand des Befragten (Bortz & Döring, 2006). Generell dürfte die Entwicklung eines guten Fragebogens mehr Vorkenntnisse und Vorarbeit erfordern als die Vorbereitung eines Interviews.

Keine Erläuterungen

Ein Fragebogen sollte so gestaltet sein, dass seine Bearbeitung außer einer einleitenden Instruktion keiner weiteren Erläuterungen bedarf. Erst dann kann auf eine zeitlich wie auch finanziell aufwändigere persönliche Befragung durch Interviewer verzichtet werden. Man bedenke allerdings, dass der Anteil derjenigen Personen, denen es schwer fällt, sich schriftlich zu äußern oder einen Fragebogen auszufüllen nicht unerheblich ist (Bortz & Döring, 2006).

Beim persönlichen Interview sind die Verhältnisse eher umgekehrt. Der Interviewer ist gehalten, die Begleitumstände der Befragung so gut wie möglich zu standardisieren; der eigentliche Interviewablauf ist jedoch nicht exakt vorhersagbar. Dies trifft vor allem dann zu, wenn der Interviewer auf Verständnisfragen eingeht, wenn er bei Themen, die der befragten Person interessant erscheinen, länger als vorgesehen verweilt usw.

Stärken und Schwächen gewichten

Beide Verfahren, die mündliche und die schriftliche Befragung, haben ihre Stärken und ihre Schwächen, die in den folgenden Kapiteln diskutiert werden. Die Entscheidung, ob eine Befragung schriftlich oder mündlich durchzuführen ist, hängt letztlich davon ab, wie diese Schwächen und Stärken

- angesichts der zu erfragenden Inhalte,
- der befragten Personen,
- des angestrebten Geltungsbereiches möglicher Aussagen,
- der finanziellen und zeitlichen Rahmenbedingungen sowie
- der Auswertungsmöglichkeiten

Befragungsablauf offen vs. geschlossen

zu gewichten sind. Für einige Fragestellungen scheint es überdies unerheblich zu sein, ob eine Befragung schriftlich oder mündlich durchgeführt wird, da beide Techniken zu vergleichbaren Resultaten gelangen (Bortz & Döring, 2006). Unabhängig davon, ob die Befragung mündlich oder schriftlich durchgeführt wird, können die Fragen und der Ablauf der Befragung von „völlig offen" bis „völlig standardisiert" variieren (s. die genauere Einteilung in Kapitel 5.1).

Zusammenfassend bleibt festzuhalten:

- *Der Forschungsprozess umfasst im Wesentlichen fünf Dimensionen: Problembenennung, Gegenstandsbenennung, Durchführung der Befragung, Analyse der Daten und Anwendung der Ergebnisse.*
- *Welche der in diesem Prozess realisierten Erhebungsarten, die Interviewtechnik oder die Fragebogentechnik, vorzuziehen ist lässt sich nur in Verbindung mit einem konkreten Forschungsproblem klären.*
- *Ein Fragebogen sollte so gestaltet sein, dass seine Bearbeitung außer einer einleitenden Instruktion keiner weiteren Erläuterungen bedarf*
- *Der Interviewer ist gehalten, die Begleitumstände der Befragung so gut wie möglich zu standardisieren.*

5 MÜNDLICHE BEFRAGUNG

Planmäßiges Vorgehen

Die mündliche Befragung ist definiert als ein planmäßiges Vorgehen mit wissenschaftlicher Zielsetzung, bei dem die Person durch eine Reihe gezielter Fragen oder mitgeteilter Stimuli zu verbalen Informationen veranlasst werden soll (Saldern, 1998, S. 59).

Charakteristisch für die mündliche Befragung ist eine asymmetrische Kommunikation. Sie wird angewandt zur

- Erforschung von Einstellungen, Meinungen, Verhalten und zur
- Ermittlung von Wahrnehmung und Interpretation von Sachverhalten.

Expertengespräch

Scheuch (1967) datiert die Anfänge einer regelmäßigen Verwendung des wissenschaftlichen Interviews im heutigen Verständnis auf den Beginn des 20. Jahrhunderts. Vorangegangen war eine Epoche, welche die Befragungsmethode lediglich in Expertengesprächen einsetzte. Hierbei standen weniger methodische Probleme wie zum Beispiel die Möglichkeit der Beeinflussung des Befragten durch den Interviewer im Vordergrund als die Kompetenz der Experten. Erst nachdem sich öffentliche und private Institutionen für die Meinung des „Bürgers auf der Straße" zu interessieren begannen (Markt- und Meinungsforschung), wuchs allmählich ein Bewusstsein für die Notwendigkeit größerer demoskopischer Umfragen und damit auch für die hierfür erforderlichen Erhebungsinstrumente. Das Interview entwickelte sich zum „Königsweg der praktischen Sozialforschung" (König, 1962, S. 27).

Königsweg

Gerade in der qualitativen Forschung hat sich daran bis heute wenig geändert: Qualitative Interviews eignen sich in besonderem Maße, Meinungen, Werte, Einstellungen, Erlebnisse, subjektive Bedeutungszuschreibungen und Wissen zu erfragen. Wie mit kaum einer anderen Methode kann es mit Interviews gelingen, eine Sachlage genau und evtl. auch unmittelbar zu klären. Zudem entsprechen qualitative Interviews in besonderer Weise den Kriterien qualitativer Forschung: Offenheit, Kommunikation und Prozesshaftigkeit (Reinders, 2005, S. 97).

Methodische Probleme

Die methodischen Mängel des Interviews kamen zum Vorschein, als man versuchte, diese Technik auch anhand testtheoretischer Gütekriterien (Objektivität, Reliabilität, Validität) zu bewerten. Es war vor allem die Anfälligkeit der Interviewresultate gegenüber Besonderheiten des Befragten, des Interviewers und der Befragungssituation, die methodenkritische Grundlagenstudien anregte. Ehe darüber im Folgenden summarisch berichtet wird, sollen verschiedene Varianten des Interviews sowie der idealtypische Aufbau eines Forschungsinterviews angesprochen werden.

5.1 Formen der mündlichen Befragung

Variantenreich

Der Variantenreichtum mündlicher Befragungen (Interviews) ist beachtlich. Mal wird man alleine, mal zusammen mit einem Partner befragt, und der Partner muss abseits warten – wie etwa beim Dialog mit dem Zollbeamten am Flughafen. Mal führt das Interview nur eine Person, mal fragen zwei oder mehr Personen. Letzteres kann man bei der Wahlberichterstattung beobachten. In Sendungen wie „Was nun Herr Minister?“ stellen meist zwei Journalisten abwechselnd die Fragen (Beller, 2008, S. 45).

Angesichts dieser Vielfalt scheint eine grobe Kategorisierung sinnvoll. Gewählt wird eine Unterscheidung

- nach dem Ausmaß der Standardisierung (hoch standardisiert – wenig standardisiert),
- nach dem Ausmaß der Strukturiertheit (strukturiert – halb strukturiert – unstrukturiert),
- nach dem Ausmaß der Offenheit der Fragen (offene – geschlossene Fragen),
- nach der Art des Kontaktes (direkt – telefonisch – schriftlich),
- nach der Anzahl der befragten Personen (Einzelinterview – Gruppeninterview – Survey),
- nach der Funktion (z. B. ermittelnd – vermittelnd).

Eine vergleichbare Ausdifferenzierung findet sich etwa bei Bortz und Döring (2006) sowie Ingenkamp und Lissmann (2008).

5.1.1 Ausmaß der Standardisierung (standardisiert – nicht standardisiert)

Die Frage der Standardisierung bezieht sich auf das Instrument der Befragung – genauer: auf die Verwendung von Antwortkategorien. In Anlehnung an Atteslander (2003, S. 160) können jene Fragen als standardisiert bezeichnet werden, deren Antworten in Kategorien zusammengefasst werden, um ihre Vergleichbarkeit herzustellen.

Eine Kategorisierung der Antworten kann vor der Durchführung des Interviews oder erst danach geschehen. Werden die Antworten vorab festgelegt, so können sie, wie im Fall der geschlossenen Frage (siehe Abschnitt 5.1.3), dem befragten Individuum gleichzeitig mit der Frage vorgelegt werden. Alternativ dazu bietet es sich an, das Kategoriensystem dem Interviewer zur Erleichterung der Aufzeichnung der verbalen Daten an die Hand zu geben (Atteslander, 2003, S. 160).

Präzise Fragen

Bei einem standardisierten Interview sind Wortlaut und Abfolge der Fragen eindeutig vorgegeben und für den Interviewer verbindlich. Es verlangt präzise formulierte Fragen, die vom Befragten möglichst kurz beantwortbar sind. Ist das Gespräch gut vorbereitet, können die Antworten vorgegeben werden. Der Interviewer braucht dann nur die vom Befragten genannte Alternative anzukreuzen; das wörtliche Mitprotokollieren kann entfallen.

Klar umgrenzt

Standardisierte Interviews eignen sich für klar umgrenzte Themenbereiche, über die man bereits detaillierte Vorkenntnisse besitzt. Sie erfordern sorgfältige Vorversuche (siehe Abschnitt 6.5.8 Pretests). Es gilt im Einzelnen zu überprüfen, ob die hohe Strukturierung dem Befragten zuzumuten ist oder ob sie sein Bedürfnis nach spontanen Äußerungen zu stark reglementiert, ob die Fragen verständlich formuliert sind, ob die Antwortvorgaben erschöpfend sind und wie viel Zeit das Interview durchschnittlich beansprucht.

Thematischer Rahmen

Im Gegensatz hierzu ist bei einem nichtstandardisierten (unstrukturierten oder qualitativen) Interview lediglich ein thematischer Rahmen vorgegeben. Die Gesprächsführung ist offen. Der Fähigkeit des Interviewers bleibt es überlassen, ein Gespräch in Gang zu bringen. Üblicherweise werden die Äußerungen der Befragten in Stichworten mitprotokolliert oder – das Einverständnis des Befragten vorausgesetzt – via Tonband oder Videogerät aufgezeichnet.

Persönlichkeit und Verhalten

In solchen offenen Situationen sind Persönlichkeit und Verhalten des Interviewers von ausschlaggebender Bedeutung. Nicht nur die Art, wie er das Gespräch führt und bestimmte Äußerungen provoziert, beeinflussen das Interviewresultat, sondern auch seine individuellen thematischen Präferenzen, seine Sympathien und Antipathien für bestimmte Menschen, seine subjektiven Werte etc. (Tversky & Kahnemann, 1974). Die Anwendung eines nicht standardisierten Interviews empfiehlt sich vor allen Dingen in explorativen Studien. Hier geht es um eine erste Orientierung über Informationen und Meinungen zu einem Thema oder über komplexe Einstellungen. Eine vorgegebene Kategorisierung wäre hier wenig sinnvoll. Auch spielen Häufigkeitsverteilungen und Vergleichbarkeit in diesem Forschungsstadium eine untergeordnete Rolle (Atteslander, 2003, S. 161).

Explorative Studien

Fließende Übergänge

Zwischen den Extremen des standardisierten und des nicht-standardisierten Interviews sind Interviewformen mit unterschiedlicher Standardisierung der Interviewdurchführung und mit teils offenen, teils geschlossenen Fragen lokalisiert. Gemeint sind die so genannten halb- oder teilstandardisierten Interviews. Typisch für diese Befragungsform ist ein Interviewleitfaden, der dem Interviewer mehr oder weniger verbindlich die Art und die Inhalte des Gesprächs vorschreibt (siehe Tabelle 5.1).

Tabelle 5.1: Ein Interviewleitfaden zur privaten Computerbenutzung

Fragen	Antwortalternativen
Mit welchen Programmen arbeiten Sie am liebsten?	a) Spiele b) Textverarbeitung c) Datenbank d) Programmiersprache e) anderes:
Was müssen Freunde / Bekannte tun, um Ihnen beim Umgang mit dem Computer zu helfen?	a) gut erklären b) Zeit nehmen c) etwas vormachen d) anderes:
Wie beschreiben Sie Ihren Umgang mit Handbüchern und anderen schriftlichen Hilfen?	a) Ich greife niemals darauf zurück b) Ich studiere sie vor der Nutzung einer Software c) Ich nehme sie allenfalls bei Schwierigkeiten zur Hand d) anderes:

Leitfaden

Als Beispiel für das halbstandardisierte Interview kann das Leitfadeninterview genannt werden. Der Wortlaut der Fragen ist entsprechend variabel; die Reihenfolge der Fragen kann dem Gesprächsverlauf angepasst werden. Der Leitfaden dient bei der Gesprächsführung lediglich als Anhaltspunkt. Wenn ein/e Teilnehmer/in an einer Untersuchung zu „Berufswahl und Lebensplanung“ beispielsweise auf die Frage, wie wichtig die Karriere für ihn ist, ausführt, dass die Karriere für ihn im Vergleich zur Familie nur wenig Relevanz besitzt – und dann spontan ausführlich auf die Bedeutung der Familie eingeht, dann haben sich damit einige Fragen zur Bedeutung von Familie für diese Person bereits erübrigt; sie brauchen also später nicht mehr gestellt zu werden. Andere vertiefende Fragen in diesem Zusammenhang, die erst für einen späteren Zeitpunkt des Interviews vorgesehen waren, wären dagegen vorzuziehen. Wie das Beispiel nahelegt, resultieren aus dieser Flexibilität des Leitfadeninterviews hohe Anforderungen an die Konzentration des/der Forschers/in. Eine Schulung des Interviewers ist daher unbedingt erforderlich. Sie findet meist, gemeinsam mit der Testung des Leitfadens selbst, in der Probephase statt (Hussy, Schreier & Echterhoff, 2012, Kap. 6.1).

Damit ergibt sich der folgende Ablauf für eine Untersuchung unter Anwendung des Leitfadeninterviews (siehe auch die Beispiele in Abschnitt 5.5 und 5.6):

1. Auf theoretischer Grundlage werden relevante Merkmale des interessierenden Gegenstandes identifiziert. Auf dieser Grundlage wird ein erster Entwurf eines Leitfadens formuliert.

2. Er enthält üblicherweise drei Fragen: Einleitende Fragen, Leitfadenfragen, Ad-hoc-Fragen.

3. Der Leitfaden wird in einer Pilotphase erprobt und womöglich modifiziert; die Pilotphase dient zugleich der Schulung der Interviewer/innen.

4. An die Pilotphase schließt sich die eigentliche (Haupt-) Untersuchung an, die Interviewphase.

5. Im weiteren Verlauf sind die (z. B. auf Festplatte) aufgezeichneten Interviews zu verschriftlichen (transkribieren) und auszuwerten.

5.1.2 Ausmaß der Strukturiertheit (wenig strukturiert – teilstrukturiert – stark strukturiert)

Forschungsinteresse

Eng verwandt mit der Standardisierung der Interviewsituation ist deren Strukturierung (Ingenkamp & Lissmann, 2008, S. 97). Da es keine strukturlose soziale Situation gibt, wird zwischen wenig strukturiertem, teilstrukturiertem und stark strukturiertem Interview unterschieden. Während das wenig strukturierte Interview mit offenen Fragen den Zweck der ersten Erkundung verfolgt, stehen beim stark strukturierten Interview konkrete Forschungsinteressen im Zentrum. Ihre Einlösung macht es notwendig, sowohl die Formulierung von Fragen als auch ihre Anzahl und ihre Reihenfolge festzulegen. Daran lässt sich ablesen, dass dem Handlungsspielraum des Forschers beim stark strukturierten Interview enge Grenzen gesetzt sind. Sogar die Situation, in der jemand befragt werden soll (in der Wohnung, am Arbeitsplatz, in der Schule), ist vorab vorgeschrieben.

Pädagogische Praxis

In der pädagogisch-psychologischen Praxis dürfte das wenig strukturierte Interview mit nicht standardisierten offenen Fragen häufiger Anwendung finden. Bei seiner Gestaltung sollten Praktiker (z. B. Lehrer, Erzieher, Berater) und Forscher das Augenmerk auf drei Punkte richten:

1) Die individuelle Vorbereitung auf die Situation des Gesprächs. Der Interviewer muss prüfen, über welche Sachverhalte er Informationen benötigt; und er muss überlegen, in welcher Reihenfolge er seine Themen bzw. Fragen präsentieren will.

2) Er muss sich darüber im Klaren sein, dass die psychologische Reihenfolge wichtiger ist als die sachlogische (siehe die „Ausstrahlungseffekte" in Abschnitt 5.4.2).

3) Nicht zuletzt sollte der/die Gesprächsführende eine aufgeschlossene Atmosphäre schaffen. Es empfiehlt sich, intime oder belastende Fragen erst später im Gesprächsverlauf zu stellen. Am Beginn sollten so genannte „Eisbrecherfragen" stehen. Eisbrecherfragen können offene oder auch geschlossene Fragen sein, die mit dem eigentlichen Interview nicht unbedingt im Zusammenhang stehen müssen. Ihr Ziel ist ein lockerer Einstieg in das eigentliche Interview. Beispiele: „Wie gefällt es Ihnen insgesamt hier an dieser Schule?" „Wie lange unterrichten Sie schon?" „Womit beschäftigen Sie sich in Ihrer Freizeit?"

Erwähnung verdienen darüber hinaus die Empfehlungen von Gilbert de Landsheere (1971; zit. nach Ingenkamp & Lissmann, 2008, S. 100). Danach sollte die gesprächsführende Person

- eine Atmosphäre der Sympathie und gegenseitigen Achtung schaffen;
- sich um eine neutrale – dem Niveau des Gesprächspartners angepasste – Ausdrucksweise bemühen;
- auf die Intimsphäre von Einzelpersonen und Familien achten.

5.1.3 Ausmaß der Offenheit (Offene – geschlossene Fragen)

Das Kriterium der Offenheit betrifft den Antwortspielraum der Frage (Ingenkamp & Lissmann, 2008, S. 98). Offene Interviews zeichnen sich durch eine natürliche Gesprächssituation aus. Es besteht insbesondere die Möglichkeit, noch bestehende Unklarheiten durch Nachfragen unmittelbar zu klären. Eine offene Frage engt den Befragten wenig ein, z. B. „Was halten Sie von freien Schulen?" Der Interviewer zeichnet die Antwort des Befragten dabei möglichst vollständig auf.

Demgegenüber gewährt die geschlossene Frage bei der Beantwortung wenig Spielraum. Die Frage ist präzise. Oft werden dem Befragten auch alle relevanten Antworten – nach Kategorien geordnet – vorgelegt. Aufgabe der antwortenden Person ist es, aus diesen Antwortmöglichkeiten „ihre" Antwort auszuwählen.

Ein Beispiel für die geschlossene Frage ist die Identifikationsfrage, bei der nach einer bestimmten Person, Gruppe, einem Ort oder einer Zeit gefragt wird. Darüber hinaus lassen sich bei der geschlossenen Frage der Selektionstyp (der Befragte kann zwischen zwei oder mehreren Antwortalternativen auswählen) und der Ja-Nein-Typ (eine Frage kann mit ja oder nein beantwortet werden) unterscheiden.

Je nachdem, ob der mit dem Interview untersuchte Bereich eher weit gefasst ist (etwa bei einem ersten Zugang zum Untersuchungsgegenstand) oder ob er in einem fortgeschrittenen Evaluationsstadium eher eng gesteckt ist, bieten sich damit verschiedene Frageformen für das Interview an.

Tabelle 5.2: Offene und geschlossene Fragen

	Offene Fragen	Geschlossene Fragen
Ziele	Motivieren den Interviewten zum Reden; sinnvoll bei Meinungsinterviews, Promotinginterviews oder für Adressaten, die eher „gehemmt“ sind; eignen sich dazu, das Problemfeld im Planungsstadium zu erforschen.	Sind eine gute Möglichkeit präzise Auskünfte zu bekommen; bei klaren Forschungsinteressen (etwa in Verbindung mit definierten Hypothesen); erbringen eine größere Einheitlichkeit und erhöhen die Vergleichbarkeit.
Beispiele	Offene Fragen sind in der Regel die „W-Fragen" (wie?, warum?, was?, weshalb?, wozu?, welche?).Offene Fragen können auch thematisch eingegrenzt werden.	Geschlossene Fragen lassen sich entweder mit Ja oder Nein beantworten. Alternativ bieten sie die Möglichkeit der Identifikation oder der Selektion an.
Probleme	Zu offene Fragen können leicht vom Thema wegführen, der rote Faden kann verloren gehen. Ist die Bandbreite der Antworten zu groß, können Interviewte leicht irritiert werden.	Geschlossene Fragen können das Interview zu einem auditiven multiple-choice Test verkommen lassen. Sie können das Interview zum Stillstand bringen.

Qualitativ versus quantitativ

Die Abgrenzung offener von geschlossenen Fragen lässt sich in den weiter gefassten Rahmen der qualitativen versus quantitativen Forschung einordnen. In der qualitativen Befragung dominieren *offene Fragen* ohne vorgegebene Antwortmöglichkeiten, auf die die befragte Person entsprechend auch in ihrer eigenen Begrifflichkeit antworten kann. Typisch für die quantitative Forschung sind dagegen eher geschlossene Fragen mit vorgegebenen Antwortmöglichkeiten (Hussy et al., 2012, Kap. 6.1).

Bei der Befragung innerhalb des quantitativen Ansatzes wird versucht, die Befragungssituation für alle Untersuchungsteilnehmer/innen möglichst vergleichbar zu gestalten; entsprechend soll auch das Verhalten des Forschers bzw. der Forscherin verschiedenen Personen gegenüber möglichst gleichförmig sein. Im qualitativen Ansatz wird dagegen unterstellt, dass ein/e Untersuchungsteilnehmer/in nur dann bereit ist, sich im Interview zu öffnen und (gerade auch persönliche) Fragen wahrheitsgemäß zu beantworten, wenn er oder sie sich im Gespräch wohlfühlt und Vertrauen zum/r Forscher/in fasst. Die Bedingungen für einen so verstandenen vertrauensvollen Austausch sind jedoch von Person zu Person verschieden.

Richtlinien zur Formulierung von Fragen

Ungeachtet dieser Unterschiede zwischen qualitativer und quantitativer Befragung gelten die Richtlinien für die Frageformulierung (siehe Abschnitt 5.1.2), wie sie im Zusammenhang mit der quantitativen Befragung bereits aufgeführt wurden, auch für das qualitative Interview. In der Tat kommt der Verständlichkeit der Fragen bei der mündlichen Befragung sogar eine erhöhte Bedeutung zu. Ein wiederholtes Lesen ist nicht möglich, das (zur Klärung wichtige) Nachfragen bleibt oft aus. Entsprechend ist im Interview ganz besonders darauf zu achten, kurze, eindeutige Fragen zu stellen, die keine doppelten Verneinungen enthalten und sprachlich der befragten Person angepasst sind (Hussy et al., 2012, Kap. 6.1).

Abschließend bleibt auf eine begriffliche Ungenauigkeit zu verweisen, die sich im alltäglichen Sprachgebrauch etabliert hat: Die synonyme Verwendung der Begriffspaare „strukturiertes – unstrukturiertes Interview", „geschlossene – offene Befragung", „standardisiertes – nicht standardisiertes Interview" muss kritisch betrachtet werden (Ingenkamp & Lissmann, 2008, S. 97). „Strukturiert – unstrukturiert" bezieht sich auf die Interviewsituation, „standardisiert – nicht-standardisiert" auf das Instrument (Interviewleitfaden), „offen – geschlossen" auf die einzelne Frage (Atteslander, 2003, S. 161). Die Offenheit der Fragen gilt ferner als wichtiges Kriterium für die Bestimmung einer qualitativen Forschungsstrategie.

5.1.4 Art des Kontaktes (direkt – telefonisch – schriftlich)

Neben dem persönlichen oder „Face to Face"-Interview gibt es weitere Interviewformen, die auf telefonischem, computervermitteltem oder schriftlichem Kontakt basieren.

Telefonisches Interview

Das telefonische Interview ist eine zunehmend beliebter werdende, schnelle und preiswerte Interviewvariante. Es eignet sich für eine kurze Befragung, die prinzipiell an jedes erwachsene Mitglied einer Zielgruppe gerichtet werden kann und die keine besondere Motivation der Befragten voraussetzt. Die telefonische Befragung lässt sich für die unterschiedlichsten Interessen nutzen. Beispielsweise wird man abends angerufen und soll an einer kurzen telefonischen Umfrage zu den Angeboten einer Bausparkasse teilnehmen. Als weiteres Beispiel lassen sich die Arbeiten der forstwirtschaftlichen Fakultät der Universität München heranziehen, deren Ziel darin bestand, durch die telefonische Befragung von Verantwortlichen und Lehrpersonal verschiedener Bildungseinrichtungen Weiterbildungsmöglichkeiten für Förster (und verwandte Berufe) im deutschsprachigen Raum zusammenzustellen. Außerdem sollten die daraus erwachsenden Berufsfelder und Berufschancen erfasst und beurteilt werden.

Beispiel Forstwirtschaft

Verweigerung

Von den Befragten wird das telefonische Interview zumeist als anonymer und persönlich weniger bedrängend erlebt. Die Verweigerungsrate ist dementsprechend niedriger als bei persönlichen Interviews.

Anonymität

Mit Interviewpartnern, die zum Zeitpunkt des Anrufs kein Interview geben können, lässt sich ohne größeren Aufwand ein neuer Termin vereinbaren. Verglichen mit dem persönlichen Interview hat das telefonische Interview jedoch auch Nachteile. Die Anonymität des Anrufers bringt es mit sich, dass ihm persönliche oder die Privatsphäre betreffende Angaben seltener vermittelt werden als einem persönlich auftretenden Interviewer, zu dem man im Gespräch Vertrauen gewonnen hat.

Kurzes Gespräch

Ganz wichtig ist der Tatbestand, dass Telefoninterviews nur für Gegenstandsbereiche geeignet sind, die sich in einem relativ kurzen Gespräch erörtern lassen.

Zeitlicher Rahmen

Das gesamte Interview (einschließlich Begrüßung, Vorstellung, Verabschiedung usw.) sollte nicht mehr als 20 Minuten und die Erfragung der eigentlich interessierenden Inhalte nicht mehr als 10 Minuten erfordern. Als nachteilig kann sich erweisen, dass die situativen Merkmale des telefonischen Interviews wenig standardisierbar sind; die Begleitumstände eines solchen Gesprächs (ablenkende Reize, Lärmbelästigung, Ermüdung usw.) bleiben unkontrolliert.

5.1.5 Anzahl der befragten Personen (Einzelinterview – Gruppeninterview – Gruppendiskussion)

Am Individuum orientiert

Von Einzelinterview ist die Rede wenn nur eine Person befragt wird. Die Befragung mehrerer Personen nennt man Gruppeninterview. Einzelinterviews sind bei Themen angezeigt, die ein aktives, auf den individuellen Informationsstand, die Äußerungsbereitschaft und die Verbalisierungsfähigkeit des Befragten zugeschnittenes Eingreifen des Interviewers erfordern. Beispiele sind Themenbereiche, die sich mangels Vorwissen nur begrenzt strukturieren lassen (Bortz & Döring, 2006).

Ferner ist das Einzelinterview immer dann unersetzlich, wenn die Beantwortung der Fragen eine persönliche, durch Gruppendruck unbeeinflusste Atmosphäre erfordert.

Einheitliche Befragung

Die Voraussetzungen von Gruppeninterviews sind dann erfüllt, wenn natürliche Gruppen (z. B. Schulklassen, Seminarteilnehmer) verfügbar sind und wenn die Befragung nicht nur strukturiert durchgeführt, sondern auch in Form eines konkreten Fragenkatalogs schriftlich fixiert werden kann. Die simultane Befragung mehrerer Personen erspart einerseits Kosten, andererseits wird die Befragungssituation für alle Personen vereinheitlicht. Die Personen füllen gleichzeitig – jede für sich – die vorgefertigten Fragebögen aus, der Interviewer verliest die Instruktionen und steht für Rückfragen zur Verfügung. Es ist offensichtlich, dass diese Form der Gruppenbefragung eher eine schriftliche Befragung ist als ein Interview (siehe Kapitel 6).

Gruppendiskussion

Eine Sonderform des Gruppeninterviews ist das Gruppendiskussionsverfahren. Diese Interviewform setzt eine aktive Gesprächsbereitschaft aller Gruppenmitglieder voraus; sie wird vom Interviewer nur locker durch gelegentliche Eingriffe mittels anregender Impulse gesteuert. Ziel einer solchen Befragung ist es, die Variationsbreite und Überzeugungsstärke einzelner Meinungen und Einstellungen zu einem Befragungsthema zu erkunden. In bestimmten Fällen wird bei dieser Methode der in der Gruppe ablaufende Meinungsbildungsprozess zum Untersuchungsgegenstand gemacht (Bortz & Döring, 2006). Schattenhofer (1992) hat die Gruppendiskussion verwendet, um über einen längeren Zeitraum hinweg Aufschluss über die Selbstorganisationsprozesse verschiedener Gruppen zu erhalten. Anhand solcher Forschungsprogramme wird offenkundig, wie stark der Verlauf einer Gruppendiskussion und damit auch die Untersuchungsergebnisse von gruppendynamischen Faktoren determiniert werden. Zu den wesentlichen Einflussgrößen gehören die Zusammensetzung der Gruppe bezüglich soziodemografischer Merkmale, die Meinungsverteilung in der Gruppe und das Verhalten der Diskussionsleitung.

Der zentrale Vorteil der Gruppendiskussion ist darin zu sehen, dass dieses Verfahren es als einziges gestattet, kollektive Einstellungen, deren Verbreitung sowie Gruppenprozesse selbst zu erfassen.

5.1.6 Die Funktion des Interviews

Informationen ermitteln

In Einklang mit den jeweiligen Zielen oder Fragestellungen kann das Interview eine informationsvermittelnde oder eine informationsermittelnde Funktion einnehmen. Zu den ermittelnden Interviews gehören

- das informatorische Interview zur deskriptiven Erfassung von Tatsachen,
- Zeugeninterviews,
- das analytische Interview als sozialwissenschaftliches Forschungsinstrument (z. B. demoskopische Umfragen),
- Panel-Befragungen (eine Stichprobe wird wiederholt befragt),
- das Einstellungsinterview als Instrument zur Personalauswahl,
- Mitarbeiterbefragungen im Rahmen der Organisationsentwicklung sowie
- das diagnostische Interview (z. B. klinische oder psychologische Anamnese), das den Einsatz therapeutischer Maßnahmen vorbereitet.

Informationen vermitteln

Zu den informationsvermittelnden Interviews zählen Beratungsgespräche jeglicher Art (z. B. Erziehungsberatung, Berufsberatung, Lebensberatung), bei denen Experten zu einem gewünschten Themenbereich Auskünfte erteilen.

5.2 Vor- und Nachteile des Interviews

Die Vor- und Nachteile des mündlichen Interviews lassen sich nun wie folgt zusammenfassen:

Vorteile:

- Hohe Antwortquote (wenn man die Person, die man befragen möchte, erreicht, bekommt man meist auch eine Antwort);
- Eine größere Zahl von Fragen kann vorgelegt werden, da der Interviewer das Interesse aufrechterhält.
- Der Interviewer kann ergänzende Beobachtungen anstellen (z. B. ob schnell oder zögerlich geantwortet wird).
- Bei telefonischer Befragung:

- Kurze Befragungen können kostengünstig durchgeführt werden.
- Es wird als distanzierter und weniger belastend erlebt.
- Die Verweigerungsrate ist meist niedriger.

Nachteile:

- Hohe Kosten, da geschulte Interviewer notwendig sind.
- Keine anonyme Befragung (Befragter gibt eher Antworten, die nicht seiner wahren Meinung entsprechen);
- Durch die Art der Fragestellung und der Gesprächsführung kann der Interviewer das Ergebnis beeinflussen.
- Bei telefonischer Befragung:
  - Es können nur Personen, die telefonisch erreichbar sind, befragt werden.
  - Es kann nur eine beschränkte Zahl von Fragen vorgelegt werden.

5.3 Das „gute" Interview

Kriterien für ein fehlerfreies Interview

Kein im Umgang mit Interviews erfahrener Forscher wird bestreiten, dass die Person, die ein Interview durchführt, das Ergebnis entscheidend beeinflussen kann. Die Benennung und Erforschung der Determinanten von Interviewereffekten fällt allerdings schwer, weil das Kriterium für ein fehlerfreies Interview, nämlich die „wahren" Antworten des Befragten, meistens unbekannt ist. Wie in jeder Gesprächssituation ist auch in der Interviewsituation eine Vielzahl wechselseitiger Einflussfaktoren wirksam (Strack, 1994). Interviewermerkmale werden niemals isoliert wirksam, sondern nur in Verbindung mit Merkmalen des Befragten, der Befragungssituation und dem Befragungsthema (siehe Abbildung 5.1 und Kapitel 2). In einer konkreten Situation erkennbare Interviewereffekte sind von daher kaum generalisierbar.

Abb. 5.1: Einflussfaktoren im Rahmen von Interviews

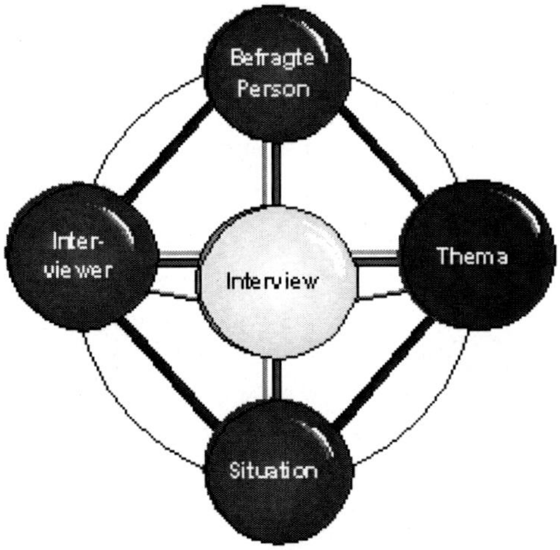

5.3.1 Der Interviewer

Interviewereffekte

Interviewerfehler oder Interviewereffekte betreffen Verfälschungen der Untersuchungsergebnisse, die der Fragende (gewöhnlich nicht bewusst) verursacht. So können z. B. Alter, Geschlecht, Aussehen, Kleidung, Haarmode, Persönlichkeit, Einstellungen und Erwartungen des Interviewers die Antworten des Befragten beeinflussen. Stellvertretend verdient der so genannte „Ansteckungsfehler" (Anastasi, 1976, S. 130) Erwähnung. Dieser Fehler beschreibt den Sachverhalt, dass die eigenen Anschauungen, Erwartungen und möglicherweise Bemerkungen des Interviewers selbst, die Antworten des Befragten in gewisser Weise beeinflussen.

Interviewerfehler

Neuere Untersuchungen haben wiederholt die Effekte von Interviewerfehlern bestätigt und haben Licht in ihre Wirkungsweise gebracht. Signifikante Unterschiede in den Ergebnissen verschiedener Interviewer können durch ungenaue Aufzeichnung der Ergebnisse, Missverstehen von zweideutigen Antworten oder tatsächliche Unterschiede in den Antworten der Befragten entstehen. Der Interviewer kann zum Beispiel aus Versehen seine Vorstellungen in das Gespräch einfließen lassen, und zwar durch die Wortwahl seiner Fragen, durch Reaktionen auf die Antworten des Befragten in einer Weise, die bestimmte Antworttypen verschieden verstärkt, oder dadurch, dass er angemessene Antworten nahe legt, wenn der Befragte selbst zögert. Falls der Antwortende die Verzerrung durch den Interviewer wahrnimmt, neigt er dazu, dieser Leitung zu folgen. Diese Reaktion kann als eine besondere Form der „sozialen Erwünschtheit" (siehe Abschnitt 5.3.2) aufgefasst werden. Der Befragte neigt dazu, Antworten zu geben, die für den Fragenden akzeptabel sind.

Der erfolgreiche Interviewer

Trotz dieser Erkenntnisse lässt sich die Wirkung so mancher Interviewereinflüsse nur vermuten. In Anbetracht der Vielzahl von Interviewsituationen und der Vorläufigkeit der bislang vorliegenden Forschungsresultate fällt es schwer, ein konkretes Merkmalsprofil des erfolgreichen Interviewers aufzustellen. Für die praktische Forschungsarbeit hätte dies ohnehin nur wenige Konsequenzen, wenn man bedenkt, dass in zahlreichen kleineren Untersuchungen der Psychologe, Pädagoge oder Lehrer selbst bzw. freiwillige Helfer die Interviews durchführen.

Eigenschaften des guten Interviewers

Will man dennoch einen Minimalkatalog der Eigenschaften des guten Interviewers aufstellen, könnte dieser wie folgt aussehen (ausführlicher bei Fowler & Mangione, 1990):

- Der Interviewer muss das Verhalten anderer aufmerksam beobachten und verstehen können; dies setzt Interesse am Menschen und an der untersuchten Problematik voraus.
- Der Interviewer muss psychisch belastbar sein, um auch bei unangemessenen Reaktionen des Interviewpartners oder organisatorischen Problemen seine Aufgabe verantwortungsvoll erfüllen zu können.
- Der Interviewer sollte über eine hohe Anpassungsfähigkeit verfügen. Damit wird er eher in der Lage sein, mit den verschiedenartigsten Personen eine gelöste Gesprächsatmosphäre herzustellen und aufrechtzuerhalten.
- Der Interviewer muss über eine gute Allgemeinbildung verfügen und über das Befragungsthema ausreichend informiert sein; nur dann kann er auch auf unerwartete Antworten kompetent reagieren.
- Der Interviewer muss sein eigenes verbales und nonverbales Verhalten unter strenger Kontrolle halten können, um die Antworten des Befragten durch eigene Urteile und Bewertungen nicht zu beeinflussen.
- Schließlich ist zu fordern, dass der Interviewer selbstkritisch ist. Auf diese Weise kann er Gefährdungen der Interviewresultate durch die Art seines Auftretens, seiner äußeren Erscheinung, Persönlichkeit, Einstellungen etc. erkennen und gegebenenfalls vermeiden.

5.3.2 Die befragte Person

Antwortverfälschung

Interviewergebnisse hängen nicht nur von der Person des Interviewers ab und können von dieser beeinträchtigt werden; in noch stärkerem Maße erlangt die Person des Befragten Bedeutung (siehe Abbildung 5.1). Wann können Merkmale oder Verhaltensweisen der befragten Person als Fehlereinflüsse beim Bericht über subjektive Phänomene gewertet werden? Neben generellen Problemen, wie die Ablehnung von Fragen oder die Interviewverweigerung, die teilweise auf motivationale Besonderheiten schließen lassen, sind mehr oder weniger bewusste Antwortverfälschungen von zentraler Bedeutung. Die folgenden Verzerrungseffekte verdienen besondere Beachtung:

Verzerrungseffekte

- Das Bemühen, dem Interviewer *gefallen* oder in Einklang mit allgemeinen Erwartungsnormen antworten zu wollen (soziale Erwünschtheit);
- So genannter *Hawthorne-Effekt*. Gemeint ist, dass das Bewusstsein, Teilnehmer einer wissenschaftlichen Untersuchung zu sein, Auswirkungen auf die Reaktionen des / der Befragten hat;
- Geringe Bereitschaft zur *Selbstenthüllung*. In diesem Zusammenhang kann es vorkommen, dass Personen absichtlich falsche Angaben machen;
- Spezifische Motive zur *Selbstdarstellung* und das Streben nach Konsistenz;
- Die *Antizipation* möglicher negativer Konsequenzen nach bestimmten Antworten (eine Fehlerquelle, die auch bei Zusicherung absoluter Anonymität nicht völlig auszuräumen ist);
- *Fehlerhafte Antworten*, weil die zu erfassenden subjektiven Phänomene beim Befragten überhaupt nicht vorhanden sind;
- *Ganz ähnlich: Systematische Erinnerungsfehler*. Die Erinnerungsleistung ist abhängig von der Zeit. Manchmal werden Ereignisse dann eher anhand von Erinnerungsbruchstücken nachträglich zu einem schlüssigen Bild ergänzt als korrekt und vollständig erinnert (Beller, 2008, S. 44);
- Konkrete *Vermutungen* über den Auftraggeber bzw. dessen Untersuchungsziele.

Antwortfindung

Zu erwähnen sind ferner Fehler, die direkt mit der Antwortfindung verbunden sind. Dieses Phänomen lässt sich anhand der kognitiven Vorgänge des / der Befragten im Zuge der Befragung veranschaulichen (siehe Abbildung 5.2). In Kapitel 2 wurde dieser Prozess als Gegenstand der „Social Cognition"-Forschung gekennzeichnet.

Abb. 5.2: Kognitve Vorgänge des Befragten

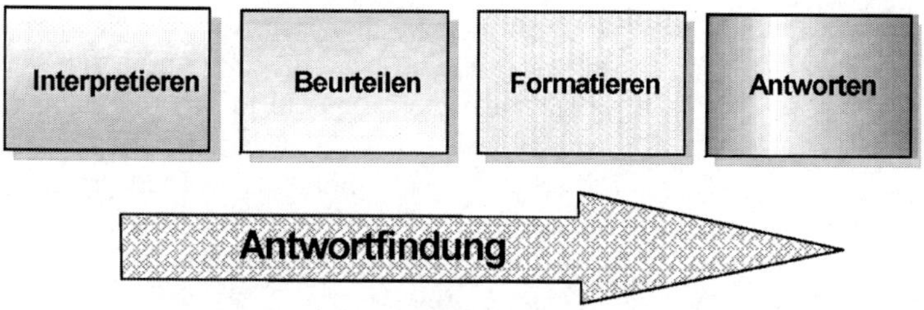

Jede der in Abbildung 5.2 dargestellten Phasen ist fehleranfällig. Diese Fehler können nun wie folgt beschrieben werden:

1) ***Interpretation.*** Als grundlegende Aufgabe muss der Befragte zunächst die semantische Bedeutung der Wörter erkennen, die in einer Frage verwendet werden. Eine falsch interpretierte Frage ruft irrelevante Informationen wach, deren Bewertung eine Antwortkategorie wählen lässt, die der eigentlichen Einstellung oder Meinung nicht entspricht.

2) **Bildung des Urteils.** Nach Abschluss der Interpretation kann der Befragte ein Urteil über den Gegenstand der Frage generieren. Dabei kann die Person eine Bewertung aus dem Gedächtnis abrufen, die sie zu einem früheren Zeitpunkt gebildet hat. Das bedeutet, dass Urteile oft nicht auf der Grundlage urteilsrelevanter Informationen gefällt werden, sondern auf anderen Einschätzungen basieren, die zu einem früheren Zeitpunkt gebildet wurden. Dies impliziert auch, dass sich mögliche Kontexteinflüsse, die zum Zeitpunkt der ursprünglichen Urteilsbildung wirksam waren, auf nachfolgende Urteile fortpflanzen können.

3) **Formatierung der Antwort.** Bei der Formatierung der Antwort, ganz gleich, ob es sich um eine freie Wiedergabe, um kategoriale Antwortvorgaben oder um numerische Antwortskalen handelt, sind kognitive Prozesse erforderlich, und diese sind Kontexteinflüssen ausgesetzt. Beispielsweise ist bekannt, dass die Auswahl eines Skalenwertes oder einer verbalen Beschreibung der Intensität einer Ausprägung durch den Befragten von der Breite der vorgegebenen Antwortskala beeinflusst wird (Schwarz, Hippler, Deutsch & Strack, 1985).

4) **Äußerung der Antwort im sozialen Kontext.** Befragungssituationen sind Bestandteil einer sozialen Interaktion zwischen Fragesteller und Befragtem. In Situationen dieser Art können beim Befragten Handlungsziele aktiviert werden, die mit dem Ziel in Konflikt stehen, die vom Fragesteller gewünschten Informationen zu liefern. Hervorzuheben ist der Wunsch, einen guten Eindruck zu erwecken oder zumindest einen negativen Eindruck zu vermeiden. Rechnet eine Person beispielsweise mit negativen Konsequenzen

bei bestimmten Antworten, so wird dies ihre Aussage beeinflussen. Sind andere Personen anwesend, werden diese mitunter als Vergleichsperson zur Selbstbewertung herangezogen. Der zuletzt genannte Aspekt ist etwa bei der Erforschung der Bewältigung kritischer Lebensereignisse zu Tage getreten. Die Lenkung der Aufmerksamkeit auf das Schicksal anderer, denen es noch schlechter geht, wurde als wirksame Bewältigungsstrategie bestätigt (Strack, 1994).

Ideale Befragungsperson

Die ideale Befragungsperson ist sicherlich eine Fiktion. Dies wird deutlich, wenn man sich die Anforderungen vor Augen hält, die eine solche Person erfüllen müsste:

Voraussetzungen

Sie müsste zu einer neutralen Interaktion mit einer ihr in der Regel unbekannten Person fähig sein, intellektuell und verbal den Anforderungen eines Interviews gewachsen sein, zwischen emotionaler Kontaktgestaltung und sachlichem Informationsaustausch zu trennen wissen und ein starkes Eigeninteresse für das Befragungsthema aufbringen (Saldern, 1998, S. 69).

5.3.3 Die Frage

Frageformulierung

Lag die Aufmerksamkeit bislang auf den Merkmalen der Person, stehen nunmehr Besonderheiten der Frage als Fehlerquelle im Zentrum der Betrachtung. Scheinbar unbedeutende Merkmale der Frage, können bisweilen dramatische Unterschiede in der Antwort hervorrufen. Die Forderung nach eindeutiger Frageformulierung findet hier erneut eine Begründung. Gute Fragen sind einfach formuliert und eindeutig. Sie sind nicht zu allgemein, sind nur auf einen Sachverhalt gerichtet und bringen den Befragten nicht in Verlegenheit (Bortz & Döring, 2006).

Kontexteffekte

In Anbetracht der Vielzahl möglicher Wirkungen, die die Art der Fragestellung auf die Antworten haben kann, kann das Ziel der Vollständigkeit der Darstellung selbst in Annäherung nicht ernsthaft angestrebt werden. Im Folgenden sollen daher lediglich einige Beispiele referiert werden. Häufig sind es Kontext- und Priming-Effekte, die unkorrekte Antworten begünstigen.

(1) Da eine wissenschaftliche Befragung mehr als nur eine Frage enthält, müssen die Fragen in einer bestimmten Reihenfolge angeordnet werden. So ergibt sich für jede einzelne Frage eine relative Position in Bezug auf die anderen Fragen. Wird beispielsweise eine Person gefragt, wie stark ihr Interesse an Sport ausgeprägt ist, muss man damit rechnen, dass die Antwort vom Kontext abhängt, in dem diese Frage gestellt wird: Hatte der Befragte z. B. zuvor bei der Beantwortung von Fragen zu verschiedenen Ballsportarten bekunden

müssen, dass er davon wenig versteht, dürfte die Behauptung, an sportlichen Aktivitäten sehr interessiert zu sein, weniger leicht fallen, als wenn zuvor Einstellungsfragen zu anderen Themen wie Gesundheit oder Politik zu beantworten waren. Die Konsequenz solcher Kontexteffekte liegt auf der Hand: Sind die einzelnen Fragen formuliert,. So sollte man die Gesamtheit der Fragen noch einmal hinsichtlich der folgenden Punkte beleuchten: ist jede Frage erforderlich? Gibt es Wiederholungen ähnlicher Fragen? Können die Antworten womöglich durch die Fragenreihenfolge beeinflusst werden?

(2) Genauer betrachtet wird das Antwortverhalten jedoch nicht durch die Position der Frage in der Anordnung insgesamt beeinflusst, sondern durch die jeweils vorangehende(n) Frage(n) (Strack, 1992).

Priming-Effekte

Priming-Effekte werden wirksam wenn sich die Beantwortung einer Frage assoziativ auf die Beantwortung der Folgefragen auswirkt. Wird beispielsweise mit der ersten Frage die Einstellung gegenüber einem beliebten Schauspieler erfragt, können dadurch Assoziationen aktiviert werden, die Antworten auf weitere Fragen zu Filmen, in denen dieser Schauspieler mitgewirkt hat, positiv überlagern.

Gegengerichteter Effekt

Das gezeigte Beispiel illustriert einen gleichgerichteten Effekt. Das heißt die Beantwortung der ersten Frage erhöht die inhaltliche Ähnlichkeit der Antwort auf die zweite Frage. Umgekehrt gibt es aber auch Beispiele für gegengerichtete Effekte, wenn sich die Beantwortung der zweiten Frage in stärkerem Maße unterscheidet. Man spricht hier von „Kontrasteffekten“.

5.4 Durchführung eines Interviews

Interviews gut und sauber durchzuführen, erfordert Übung. Ganz allgemein kann man hinsichtlich der Durchführung sagen: sich einfühlen, ohne sich mit dem Befragten zu identifizieren; verstehen, ohne zu werten; erklären, ohne zu konstruieren; und nachfragen, bis eine eindeutige Antwort vorliegt (Beller, 2008, S. 46). Ein erster Schritt hin zur Perfektion ist eine gute Planung des Projekts.

5.4.1 Mikro- und Makroplanung

Die theoretischen Vorarbeiten zu einem Interview beginnen mit einer genauen Festlegung des zu erfragenden Themenbereichs und mit dessen Ausdifferenzierung unter Berücksichtigung einschlägiger Literatur. Die Mikroplanung legt die Abfolge der einzelnen thematischen Teilbereiche fest. Hier ist in besonderem Maße darauf zu achten, dass der Befragte weder über- noch unterfordert wird. Die Makroplanung bestimmt die Struktur des Interviews. Ein möglicher Ablauf könnte wie folgt aussehen:

A. Allgemeine Fragen zur Person

B. Fragen zum Themenbereich I

C. Offene Diskussion

D. Fragen zum Themenbereich II

E. Abschlussgespräch

Spezifische Inhalte

Die anschließende Mikroplanung legt die Inhalte fest, die zu den einzelnen Themenbereichen erfragt werden sollen und präzisiert in Abhängigkeit von der angestrebten Standardisierung die Fragenformulierung. Von Fall zu Fall lassen sich in dieser Phase aus bereits bekannten Informationen (explorative Interviews, Literatur, Expertengespräche usw.) Antwortalternativen für Mehrfachwahlaufgaben konstruieren. Diese sind ein wirksames Mittel zur Kontrolle von Antworttendenzen.

Motivation und Aufmerksamkeit

Ein wichtiger Bestandteil der Interviewplanung sind neben der inhaltlichen Strukturierung befragungstechnische Überlegungen, die die Motivation bzw. die Aufmerksamkeit des Befragten betreffen. Besondere Beachtung verdient die Intervieweröffnung. Diese soll beim Gesprächspartner Interesse am Interview und allgemeine Gesprächsbereitschaft anregen sowie anfängliche Hemmungen abbauen (Einleitungs-, Kontakt- oder „Eisbrecherfragen"; siehe die Beispiele in Abschnitt 5.1.2). Des Weiteren erleichtern in den Gesprächsverlauf eingebaute Übergangs- und Vorbereitungsfragen evtl. erforderliche Themenwechsel. Der gesamte Ablauf des Interviews kann

Filterfragen

durch so genannte „Filterfragen" gesteuert werden, von deren Beantwortung es abhängt, welche weiteren Fragen zu stellen sind (siehe Tabelle 5.3).

Tabelle 5.3: Filterfragen zur Computerkompetenz

Frage	Antwort	Filter
Hatten Sie Ihren Computer von Anfang an im Griff?	a) ja	Frage 23
	b) so ziemlich	Frage 23
	c) nein	Frage 24
	d) weiß nicht	Frage 25
Mit welchen Programmen hatten Sie Probleme?	a) Textverarbeitung	Frage 34
	b) Grafik	Frage 34
	c) Programmiersprache	Frage 34
	d) keine Probleme	Frage 35

Qualität und Quantität

Zusammenfassend erfüllen die Interviewfragen instrumentelle und inhaltlich-analytische Funktionen gleichermaßen. Ihr Aufbau und ihre Formulierungen begrenzen die Qualität und Quantität möglicher Antworten und damit letztlich die durch das Interview zu erzielenden Erkenntnisse (zur methodologischen Bedeutung der Frage in der Forschung, z. B. Holm, 1974).

5.4.2 Eine Checkliste

Vor seinem praktischen Einsatz ist es ratsam, das Interviewkonzept anhand der folgenden, in Anlehnung an Bouchard (1976; Singer, 1985) entwickelten Checkliste einer nochmaligen Überprüfung zu unterziehen.

Prüfkriterien

Diese Liste bezieht sich im Wesentlichen auf standardisierte Interviews; für weniger strukturierte Interviewformen geben die genannten Punkte Anregungen zur Bildung modifizierter Prüfkriterien.

1) Ist jede Frage erforderlich? Überflüssige Fragen belasten den Befragten unnötig und verlängern das Interview. Mit Fragen, die man nur eventuell auszuwerten gedenkt, sollte äußerst sparsam umgegangen werden.
2) Enthält das Interview Wiederholungen? Wenn ja, muss die Funktion von Fragen, die im Prinzip ähnliches erfassen wie andere auch, eindeutig geklärt sein (z. B. zur Reliabilitätserhöhung oder zur Kontrolle von Antwortkonsistenz).
3) Welche Fragen sind überflüssig, weil man die zu erfragenden Informationen auch auf andere Weise erhalten kann? Um das Interview nicht zu überlasten, sollten eigene Beobachtungen oder andere Informationsquellen (z. B. Expertenbefragung) genutzt werden.
4) Sind alle Fragen einfach und eindeutig formuliert und auf einen Sachverhalt ausgerichtet? Zielt eine Frage gleichzeitig auf mehrere Inhalte ab, sollte sie in Einzelfragen zerlegt werden. Als Regel gilt: Kurze Fragen sind zu bevorzugen.
5) Gibt es negativ formulierte Fragen, deren Beantwortung uneindeutig sein könnte?
6) Sind Fragen zu allgemein formuliert? Wenn ja, sind konkretere Formulierungen oder Ergänzungsfragen erforderlich. Hierauf ist besonders zu achten, wenn das Interview zwischen Gefühlen, Wissen, Einstellungen und Verhalten differenzieren will.
7) Kann der Befragte die Fragen potenziell beantworten? Die Schwierigkeit der Frage muss dem Bildungsniveau des Befragten angepasst sein. Der Befragte sollte nicht mit Fragen belastet werden, auf die er mit hoher Wahrscheinlichkeit keine Antwort weiß.
8) Besteht die Gefahr, dass Fragen den Befragten in Verlegenheit bringen? Sind derartige Fragen unumgänglich, sollten sie am Ende des Interviews gestellt werden. Können Fragen durch einfühlsamere Formulierungen entschärft werden?

9) Erleichtern Gedächtnisstützen oder andere Hilfsmittel die Durchführung des Interviews? Ist dies der Fall, sollte der Interviewer (aber für alle Befragten einheitlich) helfende Hinweise geben.

10) Sind die Antwortvorgaben auch aus der Sicht des Befragten angemessen? Unrealistische oder unwahrscheinliche Antwortvorgaben irritieren den Befragten.

11) Kann das Ergebnis der Befragung durch die Abfolge der Fragen (Sequenzeffekte) beeinflusst werden? Besteht diese Gefahr, liegt es nahe, die Effekte verschiedener Fragenfolgen in Vortests zu prüfen.

12) Enthält das Interview genügend Abwechslung, um die Motivation des Befragten aufrecht zu erhalten? Das Interview darf für den Befragten niemals langweilig werden. Aus diesem Grund kann es sinnvoll sein, das Frage-Antwort-Schema durch das Einbringen verschiedener Materialien (z. B. visuelle Vorlagen, Karten sortieren lassen) aufzulockern.

13) Sind die Fragen suggestiv formuliert? Suggestivfragen sind zu vermeiden. Der Stil der Fragen sollte den Befragten ermuntern, das zu sagen, was er für richtig hält. Die Fragen sollten so formuliert sein, dass sie keine bestimmten Antworten besonders nahe legen.

14) Ist die „Polung" der Fragen ausgewogen? Werden z. B. mehrere Fragen zu einem Einstellungsbereich gestellt, müssen positive Einstellungen (das Gleiche gilt für negative Einstellungen) annähernd gleich häufig durch Bejahungen und Verneinungen der Fragen zum Ausdruck gebracht werden können. Hierbei sind Formulierungen zu wählen, deren Ablehnung nicht auf eine doppelte Verneinung hinausläuft.

15) Sind die Eröffnungsfragen richtig formuliert? Die Startphase des Interviews ist äußerst wichtig. Sie hat häufig entscheidenden Einfluss auf den gesamten Interviewablauf. Zuweilen sind flexible Reaktionen des Interviewers auf das Verhalten des Befragten erforderlich.

16) Ist der Abschluss des Interviews genügend durchdacht? Einfache, leicht zu beantwortende Fragen (z. B. biografische Angaben) und der Hinweis, der Befragte habe mit seinen Antworten dem Interviewer sehr geholfen, tragen dazu bei, das Interview in einer entspannten Atmosphäre zu beenden.

Probeinterview

Es empfiehlt sich, die hier vorgeschlagene Überarbeitung eines Interviews durch einige Probeinterviews zu ergänzen. Diese Probedurchläufe haben nicht die Funktion, vorab erste Informationen zu den eigentlichen Gegenständen des Interviews zu erhalten. Sie dienen ausschließlich der formalen Überprüfung des Interviews. Der Befragte sollte über dieses Anliegen informiert und um kritische Mitarbeit gebeten werden (Bortz & Döring, 2006).

5.4.3 Der Ablauf des Interviews

Standardisierung des Interviews

Wie die letzten Abschnitte nahe legen, hängen die Ergebnisse eines Interviews nicht nur von Merkmalen des Interviewers und des Befragten bzw. der zwischen beiden stattfindenden Interaktion ab, sondern auch von äußeren Merkmalen der Situation, in der das Gespräch stattfindet (Saldern, 1998). Bei den Bemühungen um eine standardisierte Interviewdurchführung sind folgende Regeln zu beachten:

- Üblicherweise vereinbart der Interviewer zunächst mit den zu befragenden Personen telefonisch oder schriftlich einen Termin. Diese erste Kontaktaufnahme entscheidet weitgehend darüber, ob ein Interview stattfindet oder nicht. Sie sollte deshalb gründlich vorbereitet sein. Das unmittelbare Aufsuchen der Zielperson im Büro oder zu Hause ist nicht zu empfehlen, da es in der Regel zu einer erhöhten Verweigerungsquote führt.
- Das Interview sollte in einer dem befragten Individuum vertrauten Umgebung stattfinden (z. B. seiner Wohnung).
- Ein Interview beginnt mit einer angemessenen Begrüßung. Der Interviewer sollte sich kurz vorstellen, sollte den Zweck des Interviews erläutern und die Anonymität der Daten zusichern.
- Nach Begrüßung und Vorstellung erläutert der Interviewer sein Anliegen und bedankt sich für die Gesprächsbereitschaft des Befragten. Die voraussichtliche Dauer des Interviews wird ebenso genannt, wie Sinn und Zweck des Ganzen. Wird das Gespräch dokumentiert (etwa per Tonband), muss das Einverständnis des Befragten eingeholt werden.
- Bevor das eigentliche Interview beginnt, prüft der Interviewer Möglichkeiten, die situativen Bedingungen zu standardisieren (einheitliche Sitzordnung, gute Beleuchtung, keine Ablenkung durch andere Personen).
- Das Interview beginnt mit den zuvor festgelegten Eröffnungsfragen. Es enthält neben den eigentlich interessierenden Sachfragen instrumentelle Fragen zur Überbrückung anfänglicher Kontakthemmungen etc.
- Der Interviewer sollte sich um eine entspannte, aufgabenorientierte Gesprächsatmosphäre bemühen. Sowohl eine überbetonte Sachlichkeit und Distanz als auch eine allzu herzliche oder gar plumpe Intimität sind für das Interviewergebnis abträglich.

- Die Antworten der Befragungsperson sind in geeigneter Weise festzuhalten. Dies geschieht in der Regel durch schriftliche Notizen des Interviewers in vorbereiteten Formularen oder durch direkte Eingabe in einen portablen Computer.
- Das Interview endet mit einigen allgemein gehaltenen Fragen, die nicht mehr direkt zum Thema gehören. Solche Fragen können auch dabei helfen, eventuell im Interview aufgebaute Spannungen zu lösen. Der befragten Person soll das Gefühl vermittelt werden, dass sie dem Interviewer durch ihre Antworten zu einem wesentlichen Erkenntnisgewinn beigetragen hat. Der Gesprächspartner sollte in einer Stimmung verabschiedet werden, in der er grundsätzlich zu weiteren Interviews bereit ist.

Abbildung 5.3 fasst die skizzierten Schritte des Interviews noch einmal zusammen.

Abb. 5.3: Durchführung eines Interviews

Vereinbarung
↓
Standardisierung der Situation
↓
Aufgabenorientierte Gesprächsatmosphäre
↓
Zielorientierte Fragen
↓
Registrieren, Aufzeichnen
↓
Spannungen abbauen
↓
evtl. weitere Gespräche vorbereiten

5.4.4 Reliabilität beim Interview

Zuverlässigkeit

Hat man sich für die Durchführung eines Interviews entschieden, ist es notwendig, sich über die Zuverlässigkeit dieses Erhebungsinstruments Gedanken zu machen. Die Zuverlässigkeit bildet eine wichtige Eigenschaft zur Beurteilung eines Verfahrens der Datenerhebung. Von der Zuverlässigkeit hängt es ab, welche Qualität den Befragungsergebnissen zugeschrieben werden kann. Die folgenden Faktoren sind zu nennen:

- Die Verlässlichkeit der Aussagen ist gering, wenn sich die Lage des Befragten hinsichtlich des Problems schnell ändert (etwa die Einstellung zum Thema „Rechtschreibreform").

- Die Verzerrung von Angaben über die Vergangenheit geht in die Richtung der in der Zwischenzeit tatsächlich erfolgten Veränderungen (etwa bei der Beschreibung der beruflichen Karriere).
- Die Größe der Verzerrung verhält sich proportional zur inzwischen erfolgten Veränderung.
- Bei kurzem Abstand zwischen Ereignis und Befragung herrscht eine hohe Verlässlichkeit.
- Je mehr die Befragungssituation standardisiert ist, desto verlässlicher ist das Instrument. Die in Abschnitt 5.4.1 genannten Punkte dienen der Standardisierung.
- Die Konstanz von Angaben ist am höchsten für angenehme Ereignisse. Sie wird geringer für unangenehme Ereignisse und ist für neutrale Ereignisse am geringsten.

5.5 Beispiel: Schüler-Interview zum selbstgesteuerten Lernen

MOSGL – Europäischer Sozialfonds

Wie die im letzten Abschnitt behandelten Prämissen umgesetzt werden können, soll nachfolgend anhand von Beispielen illustriert werden. Erläutert wird das Projekt „Motiviertes Selbstgesteuertes Lernen" (MOSGL) des Europäischen Sozialfonds (Heyer, 2010), dessen Forschungsdesign sowohl quantitative als auch qualitative Zugänge beinhaltet. Ziel von MOSGL ist die Förderung von selbstgesteuertem Lernen in Hauptschulen mit Hilfe von Lehrerfortbildungen und Schülertrainings („Die Schwachen stärken").

Das empirische Erkenntnisinteresse konzentriert sich auf die Analyse zweier Fragen: (1) In welchem Maße können trainierte Lehrpersonen zur Förderung der Schülermotivation beitragen? (2) Wie gut gelingt ihnen die Unterstützung von (meta)kognitiven Lernstrategien im Unterricht?

Leitfaden-interview

Voraussetzung für den Erfolg der beabsichtigten Förderung ist eine angemessene Diagnose des Lern- und Leistungsstands der Schüler. Hinzu kommt die Notwendigkeit der Evaluation des realisierten Schülertrainings durch Leitfadeninterviews.

Das Leitfadeninterview besteht üblicherweise aus ca. 5-7 Leitfragen, die dem Interview Struktur geben sollen. Die Gesprächssituation besteht aus einem Wechsel von freier Erzählphase und Phasen, in denen es darum geht, den Interviewpartner und seine Äußerungen genauer zu verstehen. Hilfreich hierfür ist ohne Zweifel der Face-to-Face-Charakter eines Interviews. Der unmittelbare Dialog führt den Forscher zu Einsichten, die er mit einem Fragebogen niemals erreichen könnte. Es beginnt bereits bei der Klärung einer Frage.

Face-to-Face

Wenn ein Schüler die ihm gestellte Frage nicht versteht, kann er während des Gesprächs nachfragen oder einen Sachverhalt noch einmal aufgreifen; beim Fragebogen geht das nicht. Andererseits kann der Wissenschaftler Rückfragen des Interviewten beantworten oder unklare sowie widersprüchliche Aussagen eingehend beleuchten.

Das folgende Beispiel soll einen Einblick in die Möglichkeiten des Interviews geben. Befragt werden Schüler und Schülerinnen, die im Rahmen ihres Unterrichts an einem Lernstrategietraining teilgenommen haben. Wie zu sehen ist, umfasst das Gespräch fünf Themenblöcke.

Lernstrategien aus der Sicht der Schülerinnen und Schüler

Warm UP

- Was ist dein absolutes Lieblingsfach?
  Was macht es so besonders?
- Hast du selbst Fragen an mich?

Fragen zum Training allgemein

Rückmeldung

- Hast du am letzten Training teilgenommen?
- Wenn ja, womit habt ihr euch beschäftigt?
- Welche Erwartungen hattest du am Anfang des Trainings?
- Was hat dir gefallen? Was möchtest du kritisieren?
- Was erhoffst du dir von diesen Übungen für dein weiteres Lernen?

Fragen zu kognitiven Lernstrategien

- Wie gehst du vor, wenn eine Klassenarbeit ansteht?
- Was machst du, um dir den Lernstoff einzuprägen, damit er wirklich sitzt?
- Welche Wege und Methoden kennst du, die dir das Abspeichern neuer Informationen erleichtern?

Spezifische Fragen

Von Fall zu Fall werden zusätzliche Fragen gestellt. Konkretere Fragen zu Lernstrategien sind vor allem für Schüler, die sich schwer artikulieren können, hilfreich.

- Fertigst du manchmal Schaubilder, Diagramme oder andere Darstellungen an?
- Was hältst du von Karteikärtchen und Spickzettel?
- Was unterstreichst du in einem Lerntext?

Fragen zu Metakognitionen

- Wie planst du dein Vorgehen (zeitlich)? Teilst du dir ein, was du lernen musst? Wenn ja, wie sieht das aus?
- Wer oder was lenkt dich beim Lernen ab?

Spezifische Fragen

- Wie überprüfst du, ob du einen Lernstoff verstanden hast?
- Was machst du, wenn du nicht mehr weiter weißt?
  - Wo schaust du nach?
  - Was tust du genau?
- Wie gehst du vor, wenn du einen Fehler entdeckt hast?

Fragen zur Motivation

- Wo lernst du am liebsten?
- Bist du manchmal total antriebslos? Wenn ja, was geht dann in dir vor?
- Was empfindest du beim Lernen als Belohnung bzw. als Bestrafung?

Spezifische Fragen

  - Was interessiert dich?
  - Was macht dich neugierig?
  - Was findest du spannend?
  - Was bereitet dir Freude?
  - Was betrachtest du als wichtig und wertvoll?

Die Balance zwischen allgemeinen und spezifischen (oder konkretisierenden) Fragen lässt sich anhand des folgenden – auf die motivationalen Forschungsinteressen bezogenen – Beispiels (siehe Tabelle 5.4) ablesen.

Tabelle 5.4: Fragen zu Selbststeuerung und Motivation

	Einstiegsfrage	Fragen zur Vertiefung oder Konkretisierung?
Erlebte Selbststeuerung	In welchem Maße konntest du selbstgesteuert lernen? Hattest du im U. das Gefühl, das zu tun, was du auch tun wolltest?	Konntest du Lernpartner selbst wählen? Durftest du dir ein Thema heraussuchen? Musstest du alle Aufgaben erledigen?
Motivation	Hattest du Lust auf die U-Stunde? Und wie war es dann im Unterricht selbst? Was hat dich motiviert?	Wie war es mit deiner Konzentration? Wo waren deine Gedanken? Gab es etwas, das dir Spaß gemacht hat? Was genau? Verging die Zeit eher schnell oder langsam?
Motivationsunterstützende Rahmenbedingungen	Welche Angebote hat der Lehrer gemacht? Hattest du Erfolgserlebnisse? Wie war die Zusammenarbeit mit deinen Mitschülern?	Kam der Lehrer mal bei dir vorbei und hat dir Hilfestellung angeboten? Wie hast du dich mit deinen Nachbarn verstanden? Gab es eine Zeitvorgabe? Konntest du dir deine Zeit selbst einteilen? Hast du dir selbst Ziele gesetzt oder waren sie vorgegeben?
Emotionale Befindlichkeiten	Wie ging es dir im Unterricht? Wie hast du dich gefühlt?	Was hat dich geärgert? Was hat dir Freude gemacht? Wie war die Stimmung in der Klasse?

Die Befragung zeigt noch einmal Möglichkeiten und Chancen eines Leitfadens auf. Je nach Bedarf und abhängig von den Antworten des Gesprächspartners kann der Interviewer mit unterschiedlicher Tiefe / Genauigkeit auf den Partner eingehen. Zugleich bleiben Strukturierung und Vergleichbarkeit der Dialoge gewahrt.

5.6 Auswertung der Interviewdaten

Die Durchführung des Interviews mündet in Daten, die meist auf Tonträger oder als Videomitschnitte festgehalten werden. Zur Auswertung verbaler Daten eignet sich die Inhaltsanalyse, die nachfolgend erläutert werden soll.

In einer allgemeinen Definition nach Atteslander (2003, S. 225) kann unter dem Begriff „Inhaltsanalyse" folgendes verstanden werden:

Definition: Inhaltsanalyse

„Die Inhaltsanalyse (...) ist ein weitgehend nichtreaktives Verfahren zur Gewinnung von (vorwiegend symbolischen) Daten und zur Ver-

arbeitung und Analyse solcher Daten mithilfe von Kategorien, die ihrerseits eng mit theoretischen Annahmen über einen Phänomenbereich verknüpft sind.“

TV, Radio, Texte

Mittels der Methode der Inhaltsanalyse werden Texte und Bilder, ebenso wie TV- und Radiosendungen einer quantitativen oder qualitativen Analyse unterzogen. Aber auch Interviews sind häufig Gegenstand von Inhaltsanalysen. Dabei werden Kommunikationsinhalte jeder Art nach festgelegten Regeln in Kategorien klassifiziert. In dieser konventionellen Inhaltsanalyse wird mit erfahrenen und geschulten Kodierkräften gearbeitet (Häder, 2006, S. 319).

Systematisch, regelgeleitet

Eine inhaltsanalytische Vorgehensweise erfolgt systematisch, d. h. regelgeleitet und begründet; sie ermöglicht damit Transparenz und Nachvollziehbarkeit. Wichtig für die Umsetzung solcher Vorgaben sind klar voneinander abgegrenzte Analyseschritte (Häder, 2006, S. 321f.; Mayring, 2008, S. 47):

Das neunstufige Ablaufmodell der Inhaltsanalyse

Schritte der Inhaltsanalyse

Stufe 1: Festlegung des Materials
Stufe 2: Analyse der Entstehungssituation
Stufe 3: Formale Charakteristika des Materials
Stufe 4: Richtung der Analyse
Stufe 5: Theoriegeleitete Differenzierung der Fragestellung
Stufe 6: Bestimmung der Analysetechnik
Stufe 7: Definition der Analyseeinheit
Stufe 8: Analyse des Materials
Stufe 9: Interpretation der Ergebnisse in Bezug auf die Forschungsfragen

Stufe 1: Festlegung des Materials

Textstellen auswählen

Zu Beginn der Forschung werden jene Textstellen aus den Interviewprotokollen ausgewählt, in denen sich die Befragten explizit zum Gegenstand der Forschungsfrage äußern.

Für die in MOSGL befragten Schüler und Schülerinnen stehen der Unterricht und das Erleben des Lehrerverhaltens in den vergangenen Wochen im Mittelpunkt. Da diese Aspekte Teil der Forschungsfrage sind, werden sie, wie alle anderen bezüglich der Erkenntnisinteressen relevanten Textstellen, farblich gekennzeichnet und einer weiteren Analyse unterzogen.

Stufe 2: Analyse der Entstehungssituation

Zeit, Ort, Besonderheiten

Eine Beschreibung der konkreten Erhebungssituation beinhaltet die Angabe von Zeit und Ort des Interviews, eine Liste der anwesenden Personen und eine Schilderung der aktuellen Befindlichkeit des Befragten (siehe Tabelle 5.5).

Tabelle 5.5: Beschreibung der Entstehungssituation

Interview Nr.	Befragte Personen	Dauer	Allgemeine Einschätzung
1	Peter (Klassenzimmer)	30 min	P. macht einen emotional angespannten Eindruck; spricht eher stockend; bleibt mit seinen Aussagen an der Oberfläche
2	Irma (Klassenzimmer)	27 min	I. Gibt gerne Auskunft; erzählt über ihre Lernerfahrungen; kann sich gut erinnern

Stufe 3: Formale Charakteristika

Transkription, Syntax

Hinsichtlich der formalen Merkmale wird mitgeteilt, in welcher Gestalt das Untersuchungsmaterial vorliegt. Besondere Aufmerksamkeit richtet sich auf die Vorgehensweise der Transkription (Dialekt, Syntax-Korrekturen, Pausen …). Im vorliegenden Fall zeichnen Mitarbeiter des MOSGL Projekts die Gespräche via Videotechnik auf und bringen sie nach definierten Transkriptionsregeln zu Papier.

Dialekte

Um unterschiedliche Dialekte verständlich zu machen und zur leichteren Vergleichbarkeit des Materials kommt eine hoch sprachliche Transkription zur Anwendung. Es werden keine Syntaxkorrekturen vorgenommen und die Sätze, auch bei grammatikalischer Inkorrektheit, unverändert vom Tonträger transkribiert. Emotionale Äußerungen werden wiedergegeben, wenn sie eindeutig zu hören sind. Um die Anonymität von Personen und Einrichtungen zu wahren, werden alle Ausdrücke, die Rückschlüsse auf selbige zulassen, verändert und lediglich mit Initialen dargestellt.

Stufe 4: Richtung der Analyse

Ziele und Richtungen

„Ohne spezifische Fragestellung, ohne die Bestimmung der Richtung der Analyse ist keine Inhaltsanalyse denkbar" (Mayring 2008, S. 50). Im präsentierten Beispiel zielen die Analysen auf die Ausprägungen von selbst gewählten Lernstrategien und motivationalen Überzeugungen.

Welche Bandbreite(n) und Formen des selbstgesteuerten Lernens kommen in den Aussagen der Schüler zum Vorschein? Unterscheiden sich die Aspekte der Selbststeuerung zwischen Versuchs- und Kontrollklassen?

Stufe 5: Theoriegeleitete Differenzierung der Fragestellung

Theoretische Bezüge

Theoriegeleitet bedeutet dass … *„die Fragestellung der Analyse vorab genau geklärt sein muss, theoretisch an die bisherige Forschung über den Gegenstand angebunden und in aller Regel in Unterfragestellungen differenziert werden muss"* (Mayring, 2008, S. 52).

Für das MOSGL-Projekt fungieren Theorien des selbstgesteuerten Lernens als Basis. Einige Fragen des Interviews lehnen sich auch an die Selbstbestimmungstheorie der Motivation an (Konrad, 2008). Die Verbindung der anstehenden Analysen mit den gewählten theoretischen Entwürfen lässt substanzielle Erkenntnisfortschritte erwarten.

Stufe 6: Bestimmung der Analysetechnik

Verschiedene Verfahren

An dieser Stelle muss entschieden werden, welches inhaltsanalytische Verfahren Anwendung finden soll. Zur Wahl stehen die Verfahren a) Zusammenfassung, b) Explikation und c) Strukturierung.

Die Interviews aus MOSGL werden nach einer Variante der strukturierenden Inhaltsanalyse ausgewertet, die Mayring (2008, S. 83) wie folgt beschreibt:

Zentrale Technik

„Diese wohl zentralste inhaltsanalytische Technik hat zum Ziel, eine bestimmte Struktur aus dem Material herauszufiltern. Diese Struktur wird in Form eines Kategoriensystems an das Material herangetragen. Alle Textbestandteile, die durch die Kategorien angesprochen werden, werden dann aus dem Material systematisch extrahiert. [...] Die grundsätzlichen Strukturierungsdimensionen müssen genau bestimmt werden, sie müssen aus der Fragestellung abgeleitet und theoretisch begründet werden."

Stufe 7: Definition der Analyseeinheit

Texte sondieren

In dieser Phase des Forschungsprozesses gilt es, jene Textstücke eines Interviewtranskripts zu bestimmen, die in die Auswertung mit einbezogen werden. Es wird ferner festgelegt, wie ein Textteil beschaffen sein muss, damit dieser als Ausprägung für eine Kategorie verwendet werden kann. Häder (2005, S. 327) beschreibt Kategorien als Merkmale des Textes, mit denen der Forscher die Ausprägungen der interessierenden Merkmale (hier: Elemente des selbstgesteuerten Lernens) festlegt. Dazu werden eine Reihe theoretischer Annahmen zugrunde gelegt.

Analyseeinheit

Vor der Kategorisierung ist zu klären, welches die zu analysierenden Einheiten des Textes sind.

Abhängig von den Forschungsinteressen wird das Individuum als Analyseeinheit angesehen. Die individuelle Perspektive mündet in die Entwicklung eines Kategoriensystems, das sowohl eine (meta)kognitive als auch einc motivationale Dimension umfasst. Darüber hinaus findet die „Erlebte Selbststeuerung" Beachtung.

Kodiereinheit

Von der Analyseeinheit ist die Kodiereinheit abzugrenzen, obwohl beide bei der Inhaltsanalyse häufig zusammenfallen. Wie in anderen

Studien wird der minimale Textteil, der unter eine Kategorie fallen kann, als Kodiereinheit bezeichnet. Um eine möglichst feine Auflösung der Analyse zu erreichen, werden die Kodiereinheiten für die Videoprotokolle als Sinneinheiten festgelegt. Die Sinneinheiten werden fortlaufend nummeriert und mit dem Anfangsbuchstaben des jeweiligen Gesprächspartners versehen. Beispiele:

- 11 R: „Das macht mir Spaß" [Motivation]
- 16 R: „Ich denke nach" [Metakognition]
- 22 R: „Das darf ich dann selbst machen" [Erl. Selbststeuerung]

Stufe 8: Analyse des Materials

Ziel der Analyse ist es, eine bestimmte Struktur aus dem Material herauszufiltern. Diese Struktur wird in Form eines Kategoriensystems an das Material herangetragen. Dazu werden alle Textbestandteile, welche die vorab festgelegten Kategorien widerspiegeln, systematisch aus dem Material extrahiert.

Aufgaben des Forschers

In dieser Phase kommen auf den Forscher drei Aufgaben zu:

1. Definition von Kategorien
Es wird genau definiert, welche Textbestandteile unter eine Kategorie fallen.

2. Anführung von Ankerbeispielen
Es werden konkrete Textstellen angeführt, die unter eine Kategorie fallen und als Beispiele für diese Kategorie gelten sollen.

3. Festlegung von Kodierregeln
Wo Abgrenzungsprobleme zwischen Kategorien bestehen, werden Regeln formuliert, um eindeutige Zuordnungen zu ermöglichen.

Über den Kodierleitfaden zu Aspekten der Selbststeuerung informiert die folgende Tabelle 5.6.

Tabelle 5.6: Kodierleitfaden in MOSGL (Auszüge)

KaKaK *Kategorie*	Definition	Anker-beispiele	Kodierregeln
Kognitive Strategien	Kognitive Strategien sind als geplante, zielgerichtete Handlungssequenzen definiert. Sie dienen der Informationsaufnahme und -verarbeitung.	„Ich unterstreiche nur, was wichtig ist"	Strategisches Vorgehen, das auf die Aneignung von Lerninhalten abzielt; metakognitive Aussagen werden nicht kodiert
Metakognition	Wissen über die eigene Person oder das Lerngeschehen; das eigene Lernen planen und überwachen	„Ich verstehe oft was nicht" „Ich weiß, was ich ändern muss"	Aktivitäten der Selbstregulation, die auf das Planen, Überwachen und Regulieren hinweisen
Erlebte Selbststeuerung	Der Lernende hat das Gefühl, Handlungsspielräume und Wahlmöglichkeiten zu besitzen und über sein Lernen selbst bestimmen zu können.	„Also in Deutsch kann ich selbst entscheiden, mit wem ich in eine Gruppe gehe"	Erleben eigener Freiräume (ungeachtet objektiver Gegebenheiten); Nutzen dieser Freiräume

Durch einen ersten zumindest ausschnittweisen Materialdurchgang wird erprobt, ob die Kategorien überhaupt greifen und ob die Definitionen, Ankerbeispiele und Kodierregeln eine eindeutige Zuordnung ermöglichen.

Stufe 9: Interpretation der Ergebnisse

Bezug zur Kernfragestellung

Die Ergebnisse werden im Zusammenhang mit der Hauptfragestellung interpretiert. Es kommt zu einer Gesamtdarstellung des Forschungsproblems anhand der Kategorien. Im vorliegenden Beispiel ist es beispielsweise denkbar, die in Tabelle 5.4 genannten Kategorien auszuzählen und mit den Ergebnissen aus nicht-trainierten Klassen zu vergleichen. Auch eine Betrachtung der Kategorien im Zeitverlauf erscheint sinnvoll.

6 DER FRAGEBOGEN

Strukturierte Vorlage

Typisch für die Fragebogen-Methode ist, dass allen Befragten eine sprachlich klar strukturierte Vorlage zur Beurteilung vorgegeben wird. Alle Personen beurteilen sich also anhand der gleichen Verhaltensweisen, Merkmale oder Eigenschaften (Mummendey, 1987). In der Regel geht es um das Ankreuzen festgelegter Antwortmöglichkeiten auf klar vorgegebene Fragen oder Feststellungen.

6.1 Verschiedene Formen von Fragebogen

Klassifikation

Nicht nur die einzelne Frage, auch der Fragebogen in seiner Gesamtheit lässt sich nach bestimmten Gesichtspunkten klassifizieren (Atteslander, 2003; Tränkle, 1983).

a) Nach dem Grad der Standardisierung

- *Nicht oder schwach* standardisierte Fragebogen: Sie enthalten die Themen der Befragung, aber weder die Fragen noch die Reihenfolge der Fragen, noch die Antwortmöglichkeiten sind festgelegt.
- *Teilstandardisierte Fragebogen*: Festgelegt sind die genauen Formulierungen und die Reihenfolge der Fragen; die Antwortmöglichkeiten sind dagegen nicht genauer bestimmt.
- *Vollstandardisierte Fragebogen*: Hier sind die Fragenformulierungen, die Fragenreihenfolgen und die Antwortmöglichkeiten festgelegt.

b) Nach der Kommunikationsform

werden meist Fragebogen für schriftliche und solche für mündliche Befragung oder solche für persönliches Interview und schriftliche Befragung unterschieden:

- *Fragebogen zur Bearbeitung* in Anwesenheit eines Interviewers: Eine Person wird mündlich befragt, die Antworten werden ebenfalls mündlich mitgeteilt. Diese Variante entspricht der in Kapitel 5 beschriebenen mündlichen Befragung.
- *Fragebogen mit schriftlicher Vorgabe* der Fragen und schriftlicher Beantwortung: persönliches schriftliches Interview.
- Befragung in der Gruppe: Mehrere Personen werden gleichzeitig befragt.
- *Fragebogen zur Bearbeitung* in Abwesenheit eines Interviewers im Einzelversuch: Fragen werden mündlich vorgegeben und

mündlich beantwortet (typisches Beispiel: Telefonbefragung; siehe auch Abschnitt 5.1.2).

- *Fragebogen zur Bearbeitung* in Abwesenheit eines Interviewers in Einzel- oder Gruppenversuch: Fragen werden schriftlich vorgelegt und schriftlich beantwortet (typisches Beispiel: postalische Befragung).

c) Nach dem angestrebten Gültigkeitsbereich

der Aussagen lassen sich unterscheiden:

- Individual-diagnostische Fragebogen: Ziel ist es, Aussagen über Individuen zu erhalten.
- Fragebogen, die Aussagen über Gruppen anstreben: Die Antworten des Individuums interessieren nicht.

d) Nach dem Inhalt der angestrebten Aussagen

kann man unterscheiden:

- *Fakten-, wissens- oder kenntnisorientierte* Fragebogen: Es sollen Informationen über Individuen oder Gruppen in Erfahrung gebracht werden.
- *Meinungs- bzw. einstellungsorientierte* Fragebogen: Hier sollen ebenfalls Kenntnisse über einzelne Personen oder Gruppen gewonnen werden. Jedoch werden nicht Kenntnisse, sondern Meinungen erfragt.
- *Persönlichkeitsorientierte diagnostische* Fragebogen: Ziel dieser Instrumente ist es, etwas über die Person des Befragten zu erfahren, z. B. über seine Vorlieben, Interessen oder über bestimmte Persönlichkeitsmerkmale (etwa Angst).

Eine Sonderform der Befragung ist die computerunterstützte Variante, auf die nun gesondert eingegangen wird.

6.2 Computerunterstützte Befragung

Computerbefragungen nehmen im Zuge der fortschreitenden technischen Entwicklung einen immer breiteren Raum ein. Was sind die Merkmale dieser Form der Befragung?

6.2.1 Merkmale und Anwendungsfelder

Bedürfnisse der Zielperson

Typisch für die computerunterstützte Befragung ist die Möglichkeit, adaptiv zu arbeiten. Herkömmliche „paper and pencil" Befragungen können dies nicht leisten. Was heißt das genau? Bei Computerbefragungen werden ganze Sets und Kombinationen von Fragen vorgegeben, die aufgrund der Antworten, Bedürfnisse oder Vorlieben der

Zielpersonen, ähnlich einem Entscheidungsbaum, variiert werden. Damit kann der Fragebogen während der Befragung individuell auf die Wünsche und Erfahrungen der Befragten zugeschnitten werden.

Forschungsbereiche

Die computerunterstützte Befragung eignet sich vor allem für die folgenden Forschungsbereiche:

- Marktuntersuchungen
- Imageanalysen
- Prognosen
- Verpackungsuntersuchungen
- Handelsbefragungen
- Potenzialanalysen
- Neuproduktanalysen
- Einstellungsforschung

Vor- und Nachteile

Computerunterstützte Befragungen haben spezifische Vor- und Nachteile, die im Folgenden besprochen werden sollen:

Vorteile:

- Örtlich nicht gebunden (d. h. international);
- Man hat Zugang zu einer großen Anzahl von potenziellen Personen;
- Erreichbarkeit vieler Versuchspersonen mit bestimmten Interessen;
- Keine Interviewer erforderlich;
- Eine Durchführung ist rund um die Uhr möglich;
- Freiwilligkeit der Teilnehmer;
- Unmittelbare und integrierte Auswertung der Befragung.

Nachteile:

- Keine repräsentative Stichprobe;
- Technische Varianz (verschiedene Browser, Monitorgrößen, Übertragungsgeschwindigkeiten);
- Rückfragen der Befragten sind nur via E-Mail möglich;
- Die Durchführung einer Untersuchung belastet das Netz.

6.2.2 Beispiel einer computerunterstützten Befragung

Das folgende Beispiel eines elektronischen Fragebogens zur Evaluation von Lehrveranstaltungen soll die Besonderheiten dieser Befragungsform weiter illustrieren. Ziel ist es, herauszufinden, was den Studentinnen und Studenten am Studium wichtig ist, welche Inhalte ausführlicher behandelt werden sollten und wie das didaktische Vorgehen möglicherweise modifiziert werden sollte.

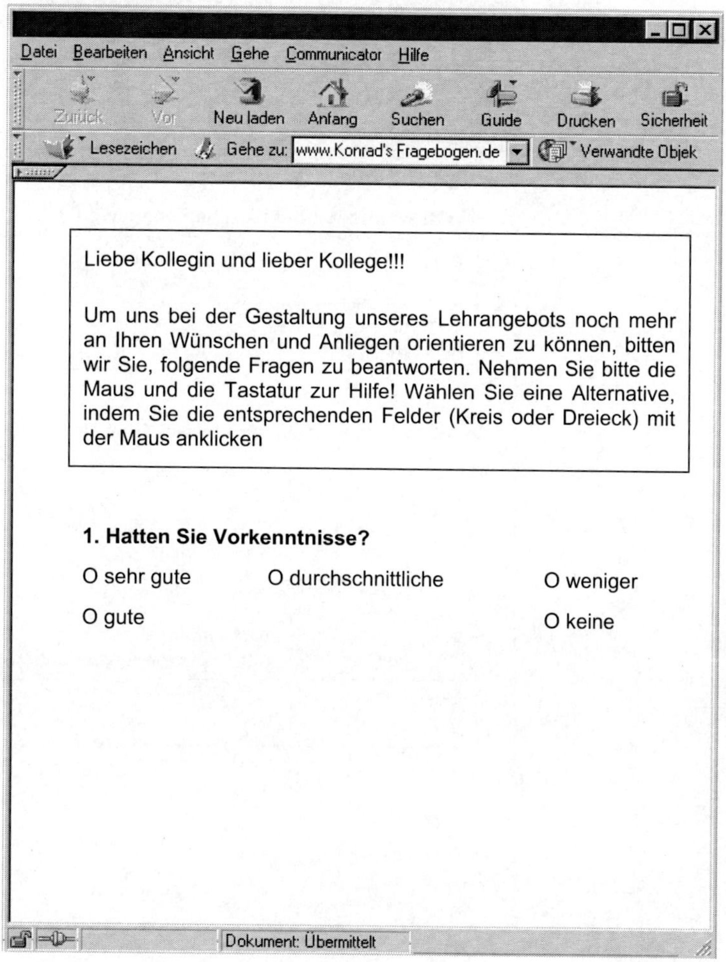
Datei Bearbeiten Ansicht Gehe Communicator Hilfe
Zurück Vor Neu laden Anfang Suchen Guide Drucken Sicherheit
Lesezeichen Gehe zu: www.Konrad's Fragebogen.de Verwandte Objek
Liebe Kollegin und lieber Kollege!!!
Um uns bei der Gestaltung unseres Lehrangebots noch mehr an Ihren Wünschen und Anliegen orientieren zu können, bitten wir Sie, folgende Fragen zu beantworten. Nehmen Sie bitte die Maus und die Tastatur zur Hilfe! Wählen Sie eine Alternative, indem Sie die entsprechenden Felder (Kreis oder Dreieck) mit der Maus anklicken
1. Hatten Sie Vorkenntnisse?
O sehr gute
O durchschnittliche
O weniger
O gute
O keine
Dokument: Übermittelt

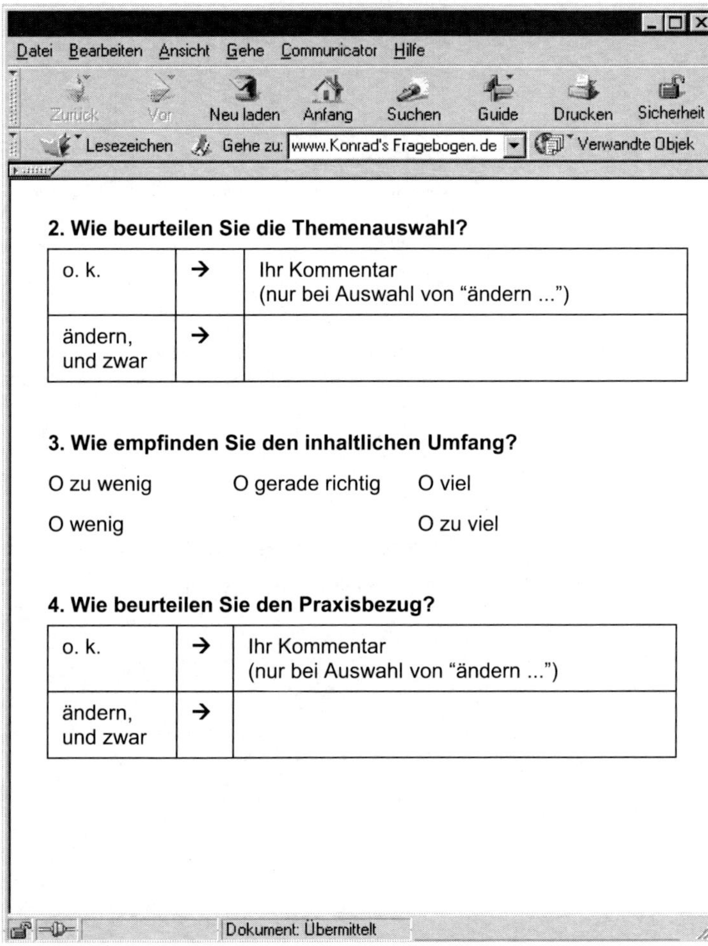

2. Wie beurteilen Sie die Themenauswahl?

o. k.	→	Ihr Kommentar (nur bei Auswahl von "ändern ...")
ändern, und zwar	→	

3. Wie empfinden Sie den inhaltlichen Umfang?

O zu wenig O gerade richtig O viel

O wenig O zu viel

4. Wie beurteilen Sie den Praxisbezug?

o. k.	→	Ihr Kommentar (nur bei Auswahl von "ändern ...")
ändern, und zwar	→	

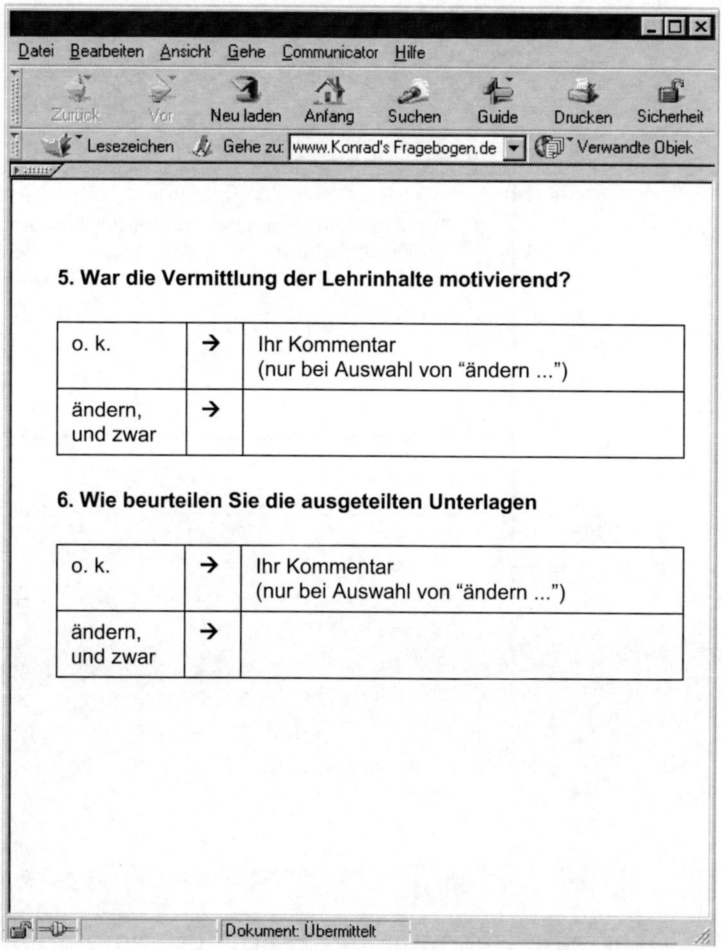

5. War die Vermittlung der Lehrinhalte motivierend?

o. k.	→	Ihr Kommentar (nur bei Auswahl von “ändern ...”)
ändern, und zwar	→	

6. Wie beurteilen Sie die ausgeteilten Unterlagen

o. k.	→	Ihr Kommentar (nur bei Auswahl von “ändern ...”)
ändern, und zwar	→	

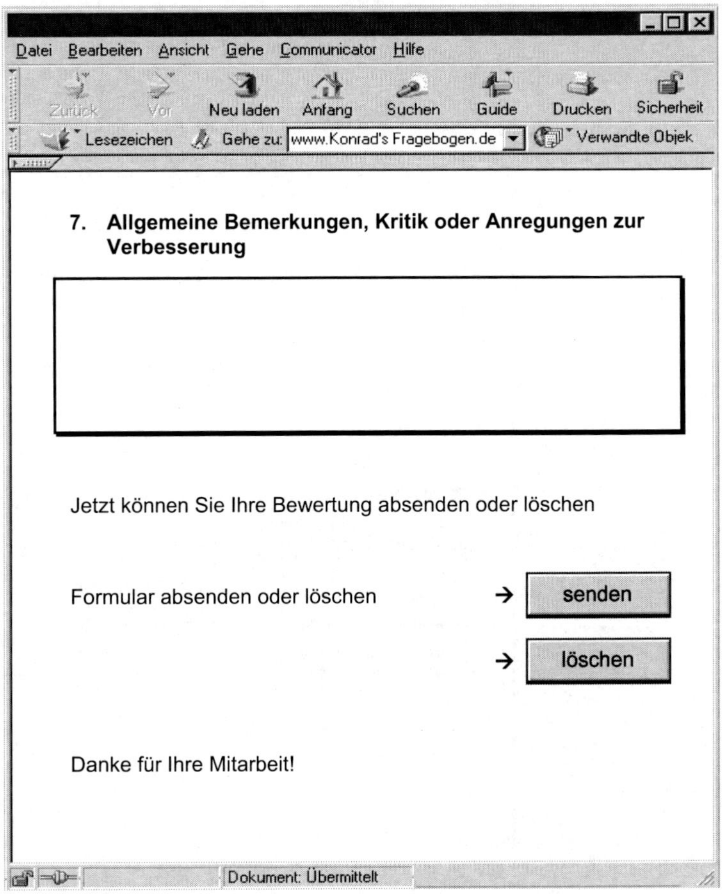

6.3 Vor- und Nachteile der Fragebogenmethode

Forschungsökonomisch

Üblicherweise erhalten Individuen in Fragebogen die Gelegenheit, sich in einer standardisierten Untersuchungssituation selbst einzuschätzen und zu bewerten. Verglichen mit qualitativen Einzelfallanalysen (z. B. Tiefeninterview) ist die Methode der schriftlichen Befragung sicherlich grober und allgemeiner – aber sie ist zugleich forschungsökonomischer. Häufig werden nicht die Antworten auf einzelne Fragen für sich genommen ausgewertet und interpretiert. Ziel der Auswertung ist es vielmehr, die Antworten auf eine größere Zahl von Fragen oder Feststellungen in einem einzelnen Messwert (häufig ein Summenwert) zusammenzufassen. Sollen etwa die Erziehungsmethoden von Eltern untersucht werden, so wird man das Phänomen Erziehung in einzelne Teilbereiche zerlegen (autoritäre – demokratische Erziehung, Erziehung zu Anpassung – zu Eigeninitiative ...

usw.). Auf diesen Dimensionen variieren die Erzieher. Zusammengenommen kann man sich die verschiedenen Dimensionen als ein (mehrdimensionales) Koordinatensystem vorstellen, das insgesamt (formal: im Summenwert) das Phänomen „Erziehung" abbildet.

Einstellungen

Will der Forscher also die Chance erhöhen, auf seine Fragen Antworten mit befriedigender Zuverlässigkeit und Gültigkeit zu erhalten, sollte er für eine Zieldimension verschiedene Fragen formulieren. Diese Empfehlung gilt insbesondere, wenn Einstellungen (= emotionale oder intellektuelle Haltung) im Zentrum der Untersuchung stehen. Dafür werden häufig Skalen mit unterschiedlichen Items verwendet. Beispiel: Die Rosenberg-Skala zum Selbstbewusstsein umfasst 10 Items.

Anwendungsbereiche

Fragebogen können grundsätzlich in allen Bereichen der Sozialwissenschaft Anwendung finden. Sie können zur Erfassung bzw. Messung der Ausprägung von Persönlichkeitsmerkmalen einzelner Individuen ebenso verwendet werden wie zur Beschreibung mittlerer Ausprägungen solcher Merkmale bei Gruppen von Personen. Mit der Fragebogenmethode lassen sich Individuen und Gruppen miteinander vergleichen und es können Unterschiede bzw. Veränderungen innerhalb von Personen oder Personengruppen über die Zeit oder über unterschiedliche Situationen hinweg erhoben werden (Mummendey, 1987).

Einstellung, Merkmale

Speziell wenn es um subjektive Einstellungen und Merkmale geht, sind Fragebogen seit langem eines der am häufigsten verwendeten Mittel. Als Beispiel sei hier die Erfassung von Selbstkonzepten angeführt. Entsprechende Fragebogen enthalten für gewöhnlich selbstbezogene Aussagen oder Fragen, zu denen die untersuchte Person Stellung nehmen soll (Mummendey, 1987). Erfragt werden innere Zustände, Erlebnisweisen, Kognitionen, die sich sonst gar nicht von außen beobachten lassen.

Zeit und Kosten

Mit schriftlichen Befragungen wird man arbeiten, wenn keine andere Methode die notwendigen Informationen erbringt oder wenn Zeit- und Kostengründe ausschlaggebend sind. Das Argument der Zeit- und Kosteneinsparung greift vor allem dann, wenn Fragebogen über den Postweg verteilt werden. Auch eine unmittelbare Betreuung durch einen Interviewer ist nicht unbedingt erforderlich. Die genannten Vorzüge der schriftlichen Befragung lassen sich insbesondere dann nutzen, wenn es sich um homogene Gruppen (Eltern, Schüler, Leser einer Zeitschrift) handelt und wenn geringe sprachliche Schwierigkeiten bestehen.

Homogene Gruppen

Nachfolgend sollen die Vor- und Nachteile der Fragebogenmethode noch einmal zusammengefasst werden:

Vorteile:

- Geringe Kosten;
- Geringer Zeitaufwand;
- Geringer Personalaufwand;
- Befragung geografisch verstreuter Personen (nur per Post);
- Kein Einfluss des Interviewers;
- Der Befragte hat mehr Zeit zur Beantwortung;
- Die räumliche Entfernung spielt keine Rolle;
- Ob durchdachtere und gültigere Antworten als im Interview gegeben werden ist noch umstritten.

Trotz der offensichtlichen Nützlichkeit dieser Methode ist auch eine Reihe von Nachteilen festzustellen.

Nachteile:

- Bei Postversand oder Wiederholungsmessung: niedrige Rücklaufquote (in der Regel nur 15-30 % der Fragebogenempfänger; stark interessierte Personen beantworten den Fragebogen eher);
- Unkontrollierbarkeit der Erhebungssituation. Andere Personen können die Antworten des Befragten beeinflussen;
- Unkenntnis der Art der Ausfälle (kein Nachfragen möglich);
- Einzelne Fragen können unsorgfältig und unvollständig oder überhaupt nicht ausgefüllt werden; dadurch wird die Repräsentativität der Befragung zweifelhaft;
- Fehlende Erläuterung der Fragen oder nondirektives Nachfragen durch den Interviewer eignet sich nur für schreib- und denkgewandte Personen;
- Als subjektive Messverfahren sind sie abhängig von subjektiven Strategien, Taktiken oder unbeabsichtigten Antwortstrategien.
- Die Problematik der negativen Antworttendenzen (Verfälschungstendenzen) muss bei dieser Methode ebenfalls diskutiert werden. Fragebogen sind sensitiv gegenüber absichtlicher Verfälschung (Raab-Steiner & Benesch, 2012, S. 65). Dies gilt nicht nur für klassische psychologische Verfahren, sondern auch für die Erfassung von Meinungen, Einstellungen und Positionen zu Themen und Sachverhalten.

  Im weiteren Text werden verschiedene Antworttendenzen und mögliche Lösungen skizziert.

6.4 Wie werden Fragen sinnvoll formuliert?

Ambiguität der Alltagssprache

Das grundsätzliche Problem des Einsatzes von Fragebogen entsteht durch die Ambiguität der Alltagssprache und durch Schwierigkeiten bei der Umsetzung von wissenschaftlichen Begriffen in die Alltagssprache (Tränkle, 1983).

Das Prinzip aller Fragebogen besteht darin, dass möglichst allgemein-verständliche – also der Alltagssprache nahe stehende – Aussagen formuliert werden, zu denen dann der Fragebogenbeantworter Stellung nehmen soll – z. B. durch Bejahung oder Verneinung. Dies kann nur gelingen, wenn bei der Formulierung der Fragen mit äußerster Sorgfalt vorgegangen wird. Andernfalls kann es leicht geschehen, dass das Instrument die Äußerung bestimmter Meinungen, Einstellungen und dergleichen einschränkt oder provoziert. Solche künstlichen Meinungsäußerungen werden als „Artefakte" bezeichnet (Atteslander, 2003).

Artefakte

„Künstliche" Äußerungen werden begünstigt, wenn

- Begriffe Verwendung finden, die vom Befragten nicht verstanden werden,
- sich der Antwortende bedroht fühlt,
- durch die Frage eine willkürliche Eingrenzung erfolgt,
- hypothetische Sachverhalte erfragt werden.

Auch wenn durch das Verfahren bedingte künstliche Aussagen letztlich nicht vollkommen ausgeschlossen werden können, muss es das Ziel einer wissenschaftlichen Vorgehensweise sein, das Ausmaß der Künstlichkeit festzustellen. Zu diesem Zweck ist es hilfreich, einige Fehlerquellen genauer unter die Lupe zu nehmen.

Fehlerquellen

Was für die mündliche Befragung festgestellt wurde (siehe Abschnitt 5.3), gilt – abgesehen vom potenziellen Einfluss des Interviewers – auch für die schriftliche Form. Mögliche Fehlerquellen können sich auf die Person des Befragten, auf die Befragungssituation und die Art der Frageformulierung beziehen. Sieben Problemfelder sollen hier näher behandelt werden:

a) Informationsstand des Befragten

Voraussetzungen

Gerade im Rahmen schriftlicher Befragungen tritt häufig das Problem auf, dass Fragen beim Befragten zu viel voraussetzen. Dabei kann es sich sowohl um relevante Vorinformationen als auch um ein bestimmtes Sprachverständnis handeln. In beiden Fällen sind die Ergebnisse unbrauchbar. Das Beispiel, „Wie beurteilen Sie das Verhalten Ihrer Kollegen?", soll das Gemeinte verdeutlichen. Hier wird vorausgesetzt, dass der Befragte weiß, welches Verhalten der Kollegen gefragt ist.

Sprachgewohnheiten

Was die Sprache anbelangt, so muss zunächst geklärt werden, welcher Sprachgebrauch bei den Befragten vorherrscht. Für ein- und denselben objektiven Befund ergeben sich unterschiedliche Worte und Beschreibungen. Sie sind durch Herkunft, soziale Lage, Erfahrung und Bildungsstand geprägt. Daraus lässt sich als Forderung ableiten: Die Fragen müssen dem Befragten verständlich sein. Die Formulierungen sollten kurz und einfach sein, damit der Befragte sie beim ersten Lesen auffassen und sich während des Nachdenkens über seine Antwort an sie erinnern kann (Mayntz et al., 1972).

b) Verneinungen

Doppelte Verneinung

Ein besonderes Phänomen sind Verneinungen. Mit einer doppelten Verneinung („nicht unwesentlich“) werden Sie nur noch von einem Bruchteil der Befragten (angeblich ca. 20 Prozent) spontan richtig verstanden. Das gewährleistet zwar Exklusivität, aber um den Preis, dass hinterher unklar ist, was die Befragten verstanden und gemeint haben. Damit sind die Ergebnisse unbrauchbar, weil nicht herauszufinden ist, was die Antworten bedeuten.

Schon einfache Verneinungen bergen das Risiko von Missverständnissen. Angenommen, die Frage lautet: „Unser Unterricht hat keinen roten Faden.“ Was kreuzen Sie dann an, wenn Sie der Aussage zustimmen: „Ja“ oder „Nein“? Logisch wäre „Ja“ anzukreuzen; umgangssprachlich würden aber viele ihre Zustimmung in die Worte kleiden: „Nein, er hat wirklich keinen roten Faden.“

c) Antwortroutine

Abwechslung

Forscher sollten Fragen möglichst abwechslungsreich formulieren. Sonst besteht die Gefahr mechanischer Antwortroutinen. Das heißt, man liest beim Ausfüllen nicht mehr genau, sondern kreuzt mechanisch immer eher auf der linken Seite oder immer auf der rechten an. Gleichwohl ist vor einer ständigen Veränderung der „Polung“ der Antworten zu warnen (siehe dazu Abschnitt 6.5.3: Polung des Antwortformats).

Gleiches gilt für den Einsatz von Verneinungen. Für Wechsel können die Autoren auch ohne Verneinungen sorgen, etwa durch Formulierungen wie: „Ziele und Methoden unseres Unterrichts sind für mich klar erkennbar“, aber: „Ich würde mir mehr Klarheit darüber wünschen, was mit dem Unterricht erreicht werden soll.“

d) Mehrdimensionalität

Vergleichbare Antworten

Fragen und Antwortvorgaben enthalten oft eine Bandbreite von Aspekten; infolgedessen steht es dem Befragten frei zu wählen, welche Dimension er beantwortet. Es liegt auf der Hand, dass damit die Vergleichbarkeit der Antworten beträchtlich erschwert wird. So umfasst die Frage: „Was haben Sie für Nachbarn?", mehrere Dimensionen, die nicht klar unterschieden werden: Schicht, Religion, Sympathie (Friedrichs, 1984).

Die Mehrdimensionalität oder Mehrdeutigkeit ist nicht nur ein Problem der Fragestellung; sie kann sich ebenso auf die Antwortvorgaben beziehen: Beispiel: „Glauben Sie, dass sich durch das Einnehmen von Rauschmitteln Ihre Schulleistungen verschlechtert haben?"

Antwortvorgaben

Vorgaben

- ○ Ich habe noch nie Drogen genommen
- ○ Nein
- ○ Sie haben sich verbessert
- ○ Sie haben sich verschlechtert
- ○ Meine Schulleistungen interessieren mich nicht

Vorerhebung

Wie unschwer zu erkennen ist, fällt die letzte Alternative aus der Logik des Vorgehens. Sie kann von jedem, der eine vorangegangene angekreuzt hat, zusätzlich markiert werden. Solche Fehler lassen sich vermeiden, indem man vor der Befragung ausreichend detaillierte Informationen einholt.

e) Fragenanordnung

Halo-Effekt

Fragen sind nicht isoliert zu betrachten, sondern in ihrer Abfolge. Man wird bei einem Thema zumeist vom Allgemeinen zum Besonderen vorgehen. Die Rede ist vom Trichter-Prinzip. Bei der Anordnung der Fragen kann leicht der Fehler auftreten, dass eine Frage auf die folgende(n) ausstrahlt. Man spricht dann vom so genannten „Halo-Effekt" (siehe Abschnitt 6.5.4). Oftmals handelt es sich hierbei um eine vorbewusste Assoziation des Befragten. Ein ähnlicher Sachverhalt wurde bereits in Verbindung mit dem mündlichen Interview angesprochen (siehe Abschnitt 5.3.2).

f) Verzerrte Fragen

Belastete Wörter

Gemeint sind Fragen, die allein durch ihre Formulierung die Verteilung der Antworten in einer bestimmten Form beeinflussen. Es kommt zu „schiefen" Verteilungen. Sie können Unterstellungen, unvollständige Vorgaben, „belastete" Wörter enthalten oder suggestiv sein. Beispiel: „Sind sie auch der Ansicht, dass wir zu viele Obdachlose in Deutschland haben?"

g) Direkte und indirekte Fragen

Um die Chance zu erhöhen, dass man auf Fragen Antworten mit befriedigender Zuverlässigkeit und Gültigkeit erhält, sind auch mögliche Fehlerquellen hinsichtlich der Direktheit der Fragen auszuschließen:

Fremdbestimmtheit

- Wenn man nicht gezwungen ist, indirekt zu fragen – weil die Zieldimension nicht verbalisiert ist oder weil Befragte sonst eine sozial erwünschte Antwort geben – sollte man sich bemühen, so direkt wie möglich zu fragen. Dadurch wird die Fremdbestimmtheit (= Beeinflussung der Antwort durch „fremde" Faktoren) verringert. Unter sozialer Erwünschtheit (siehe Abschnitt 5.3.2) versteht man die Tendenz der antwortenden Person(en), Items eines Fragebogens in jene Richtung zu beantworten, die ihrer Meinung nach den sozialen Normen entspricht. Diese Strategie der Reaktion oder Beantwortung kann als Sonderform der Selbstdarstellung angesehen werden (Raab-Steiner & Benesch, 2012, S. 62; Hussy, Schreier & Echterhoff, 2010, S. 55).
- Wenn Faktoren der sozialen Wünschbarkeit oder fehlender Vorverbalisierung bei direkter Frage zu bedeutsamen Verzerrungen führen, kann es sinnvoll sein, indirekte Fragen zu stellen, unter Umständen so, dass den befragten Personen die eigentliche Zieldimension unbekannt bleibt (Beispiele: Skalen zur Erfassung von Fremdenfeindlichkeit; klinische Skalen zur Erkundung depressiver Stimmung oder neurotizierender Persönlichkeitsmerkmale).

Weitere Fehlerquellen

Weitere Fehlerquellen sind der folgenden Liste zu entnehmen. Parallelen zur mündlichen Befragung sind dabei unverkennbar (siehe Kapitel 5).

- Je weiter ein Ereignis zurückliegt, desto ungenauer werden die Angaben;
- Je mehr sich eine Person für das Thema interessiert, desto gültiger sind die Angaben;
- Je wichtiger ein Ereignis für eine Person ist, desto genauer werden die Angaben;
- Je weitreichender die erwarteten Konsequenzen, desto eher neigt das Individuum bei der Beantwortung von Persönlichkeitsfragebogen zu absichtlichen Verfälschungen;
- Je bedrohlicher ein Ereignis für eine Person war (z. B. Verkehrsunfall), desto eher wird sie es vergessen;
- Je mehr sozial missbilligt etwas ist (z. B. Geisteskrankheiten), desto seltener wird darüber berichtet;

- Je sozial höher etwas bewertet ist (Arbeitsplatz, Einkommen, Spenden), desto eher sind die Angaben überschätzt.
- Je rascher der Fragebogen bearbeitet wird, desto weniger wird der Sinn der Fragen erkannt. Es kommt infolgedessen eher zu Verfälschungen oder Verzerrungen der Urteile.

Spezifische Probleme

Eine notwendige Differenzierung der Betrachtung von Fehlerquellen stellt die Unterscheidung zwischen offenen und geschlossenen Fragen in Rechnung. Offene und geschlossene Fragen können jeweils mit spezifischen Problemen behaftet sein:

Ist die Frage offen gestellt, so gilt:

- Die Reihenfolge der Nennungen des Befragten gibt nicht immer ihre Wichtigkeit wieder; der Antwortende kann sogar das Wichtigste nicht genannt haben, weil es ihm selbstverständlich erscheint.
- Die Zahl der Nennungen steigt, je länger man den Befragten Zeit zum Nachdenken gibt oder sie durch Ermutigungen auffordert.

Ist die Frage geschlossen gestellt, so gilt:

- Je eingehender jemand seine Gründe durchdacht hat, desto weniger wird ihm die vorgegebene Liste ausreichen.
- Je weniger jemand seine Gründe durchdacht hat, desto eher wird die Liste als Erleichterung empfunden.
- Unangenehme oder sozial missbilligte Antworten, die bei einer offenen Frage nicht genannt würden, können unter den vorgegebenen Alternativen untergebracht werden.

Regeln für die Frageformulierung

Tabelle 6.1 fasst die wichtigsten Regeln zusammen, die bei der Formulierung von Fragen oder Feststellungen zu beachten sind (Atteslander, 2003; Mummendey, 1987):

Tabelle 6.1: Regeln zur Formulierung von Fragen

	Regeln zur Formulierung von Fragen
1	Fragen / Feststellungen sollten einfache Worte enthalten; Keine Verwendung von komplizierten Fachausdrücken.
2	Fragen / Feststellungen sollten kurz formuliert sein und nicht mehr als 20 Wörter enthalten.
3	Fragen / Feststellungen sollten konkret sein; abstrakte Begriffe sollten in konkrete übergeführt werden.
4	Fragen / Feststellungen sollten keine bestimmte Beantwortung provozieren; Vermeidung von Suggestivfragen.
5	Fragen / Feststellungen sollten neutral formuliert sein, keine “belasteten” Worte (Kommunist, Boss, Leistungswille usw.).
6	Fragen / Feststellungen sollten nicht hypothetisch formuliert sein (Angenommen, Sie würden im Lotto gewinnen ...).
7	Fragen / Feststellungen sollten sich auf *einen* Sachverhalt beziehen (Vermeidung von Mehrdimensionalität, besser mehrere Fragen / Feststellungen).
8	Fragen / Feststellungen sollten keine doppelten Negationen enthalten.
9	Fragen / Feststellungen sollten sich nicht auf die Vergangenheit, sondern auf die Gegenwart beziehen.
10	Fragen / Feststellung sollten nur einen einzigen vollständigen Gedanken enthalten.
11	Fragen / Feststellungen, die Allerweltsausdrücke wie alle, immer, keine, niemals, fast, kaum etc. enthalten, sollten vermieden werden.
12	Fragen / Feststellungen sollten den Befragten nicht überfordern (Wie viel Prozent ihres monatlichen Einkommens geben Sie für Miete aus ...).

Bei einer schriftlichen Befragung wird eine Gruppe von Personen mit einem Fragebogen konfrontiert. Dieser enthält Fragen oder Feststellungen, die von den Probanden in einer zumeist standardisierten Weise zu beantworten sind.

- *Der Fragebogen muss klar, kurz und aus sich heraus verständlich und übersichtlich sein.*
- *Die Bereitschaft zur Beantwortung der Fragen hängt allein vom Appell an den Befragten und vom Thema ab; kein Interviewer kann die Motivation erhöhen.*
- *Die Fähigkeit, den Fragebogen auszufüllen, hängt ab von der Verständlichkeit des Fragebogens, der sprachlichen Leistungsfähigkeit sowie der Geübtheit der Probanden.*
- *Die Chance auf zuverlässige und gültige Antworten erhöht sich, wenn Fehlerquellen hinsichtlich der Person des / der Befragten, der Befragungssituation und der Frageformulierung ausgeräumt werden.*

6.5 Durchführung einer schriftlichen Befragung

Präzision

Der Fragebogen einer schriftlichen Befragung erfordert einen hohen Grad an Präzision. Das Instrument muss gut durchdacht sein. Im Folgenden wird eine grundlegende und bewährte Art und Weise der Fragebogenentwicklung dargestellt (Singer, 1985). Es handelt sich nicht um die einzig mögliche Weise der Fragebogenkonstruktion, doch hat sich die Einhaltung der hier beschriebenen Schritte in der Praxis bewährt.

6.5.1 Bestimmung der Form des Fragebogens

Form des Fragebogens

Bevor mit der Sammlung der einzelnen Elemente begonnen wird, muss man sich Gedanken machen über die Form des Fragebogens. Wie sollte ein Fragebogen aufgebaut sein? Welcher Umfang erscheint sinnvoll? Was ist beim grafischen Design zu beachten?

6.5.1.1 Thematische Gliederung

Gesamtthema

Generell sollte der Fragebogen thematisch gegliedert und eng auf das Gesamtthema der Studie bezogen sein. Im Fragebogen sind außerdem die folgenden Punkte zu berücksichtigen:

- Thema der Befragung;
- Zusammenhang von Thema, Verwertungsziel und Interessen des Befragten;
- Zusicherung der Anonymität;
- Anreize für die korrekte Beantwortung.

6.5.1.2 Umfang des Fragebogens

Befragungsdauer

Welche Länge des Fragebogens noch akzeptabel ist, hängt von der Bedeutung des Themas für die Zielgruppe ab. Bei einer schriftlichen Befragung von Schülern der Mittelstufe (Sekundarstufe I) dürfte eine Bearbeitungsdauer von 15-30 Minuten das Maximum sein. Eine Befragung von Studierenden oder Mitarbeitern eines Unternehmens darf mehr Zeit in Anspruch nehmen; hier sind auch 45-60 Minuten noch in Ordnung, sofern die Befragten die Fragen überwiegend als relevant und sinnvoll ansehen. Da nach einiger Zeit, aber auch nach schwierigen und/oder unangenehmen Fragen eine Ermüdung der befragten Person eintreten kann, werden üblicherweise so genannte Erholungsfragen oder Überleitungsfragen eingebaut. Diese dienen der Abgrenzung verschiedener Themenblöcke, sind jedoch für die Untersuchung selbst nicht relevant.

6.5.1.3 Grafischer Aufbau des Fragebogens

Darbietung des Materials

Wie soll das sprachliche Material zur Beantwortung dargeboten werden? Wenn der Fragebogen zum Sehtest ausartet, wird der Forscher möglicherweise keine Antwort bekommen. Er sollte trotzdem sparsam mit dem Platz umgehen, sonst wächst der Fragebogen rasch auf eine Seitenzahl an, die abschreckend wirkt. Faustregel: Arial 9 oder 10 Punkt oder Arial Narrow 10 Punkt sind noch gut genug lesbar. Darüber hinaus sind drei Punkte zu beachten:

- Übersichtlichkeit für den Befragten;
- Eindeutigkeit der Anweisungen;
- leichte Übertragbarkeit beim Kodieren auf Kodebögen zur weiteren statistischen Verarbeitung.

6.5.1.4 Ordnung

Eine uralte Streitfrage ist, ob die Struktur des Fragebogens für die Befragten transparent sein soll. Manche wollen sie verschleiern, damit die Befragten den Fragebogen nicht „durchschauen". Abgesehen davon, dass das Überlegungen zum Menschenbild aufwirft, dürfte dieses Unterfangen kaum erfolgreich sein, denn Menschen versuchen immer, einen Sinn zu entdecken (bzw. zu konstruieren). Der Vorteil einer klaren Ordnung besteht darin, dass der Fragebogen dadurch für die Befragten schlüssiger und plausibler wird. Damit fördert er die Bereitschaft zu sorgfältiger Bearbeitung ebenso wie die Akzeptanz der Befragung.

6.5.2 Frageformen

Verbale Reaktionen

Welche verbalen Reaktionen sind von Interesse? Es können Fragen gestellt werden, z. B.

„Halten Sie sich für einen zuverlässigen Menschen?"

oder es können Feststellungen (Statements) dargeboten werden, z. B.

„Ich halte mich für einen zuverlässigen Menschen."

Substantiv, Adjektiv

Um überflüssige sprachliche Bedeutungen zu vermeiden, ist es zudem denkbar das Beurteilungsobjekt mit einem einzigen Substantiv oder Adjektiv zu benennen oder beurteilen zu lassen:

zuverlässig

oder in einem Profil:

zuverlässig ------- unzuverlässig

Der Antworttypus kann sehr unterschiedlich sein. In der einfachsten Form wird auf eine Frage oder Feststellung lediglich ein zweistufiges Urteil verlangt:

Ja („stimmt" etc.) oder Nein („stimmt nicht" etc.)

Die Zahl der Antwortkategorien kann erweitert werden:

Ja	Neutral	Nein
+	O	–

oder

Stimmt	3 2 1 0 1 2 3	Stimmt nicht
ja	1 2 3 4 5 6 7	nein
dafür	--------------------	dagegen

oder

O	O	O	O
stimmt vollständig	stimmt eher	stimmt eher nicht	stimmt überhaupt nicht

Filterfragen

Wie beim Interview (siehe Abschnitt 5.4.1) können auch im Rahmen einer Fragebogenerhebung Filterfragen angemessen sein. Das folgende Beispiel (siehe Tabelle 6.2) veranschaulicht diesen Tatbestand.

Tabelle 6.2: Filterfragen im Fragebogen

Nr.	Frage
3.	Sind Sie als externer Consultant/Berater für Fragen der Datenverarbeitung tätig? O ja → Frage 4 O nein → Frage 5
4.	An wie vielen Projekten / für wie viele Firmen arbeiten Sie derzeit? ......
5.	Wenn NICHT berufstätig und NICHT Consultant, dann weiter mit 22, ansonsten weiter mit 6.
6.	Wie groß ist das Unternehmen, in dem Sie tätig sind? ...... Mitarbeiter
22.	Haben Sie vor, sich zukünftig mit Fragen des Internet bzw. des Intranet zu beschäftigen? O ja O nein

6.5.3 Antwortformat

Antwortskala

In standardisierten Befragungssituationen kommt dem vorgegebenen Antwortformat eine wichtige Bedeutung für die Interpretation von Fragen zu, weil durch die Vorgabe von Antwortmöglichkeiten der Interpretationsspielraum eingeschränkt wird und somit Mehrdeutigkeiten reduziert werden. Was der Fragesteller genau meint, kann in standardisierten Befragungssituationen somit aus der Breite der vorgegebenen Antwortmöglichkeiten erschlossen werden.

a) Differenziertheit der Antwortskala

Differenzierungsvermögen

Wie differenziert soll die Antwortskala gestaltet werden? Als Regel gilt: Die Feinheit, mit der wir messen wollen, muss mit dem Differenzierungsvermögen des Befragten korrespondieren. Bei Einstellungsfragen muss sie mit der Ausgeprägtheit, mit der der Befragte diese Einstellung ausdifferenziert, korrespondieren. Im allgemeinen scheinen Sieben-Punkte-Skalen bezüglich der Messzuverlässigkeit, der Anzahl unentschiedener Befragter und der Diskrimination der einzelnen Skalenwerte optimal zu sein. Die Empfehlung lautet daher: „Sieben Skalenpunkte plus oder minus zwei" (Hippler et al., 1991).

Skalenstufen

In diesem Zusammenhang ist auf eine in der Praxis häufig auftauchende Tendenz zu verweisen: Der Großteil der Antworten wird bei den mittleren Skalenwerten liegen. Beispiel: bei einer fünfstufigen Skala sind es drei Antwortmöglichkeiten (natürlich reduziert sich dieser Effekt, bei weniger als vier Antwortstufen). Das wird bei der Auswertung zum Problem, denn in den Mittelwerten rücken die meisten Antworten dann sehr nah zur Skalenmitte. Am Schluss interpretiert man bei einer fünfstufigen Skala Unterschiede von 0.1 Skalenpunkten, was für die meisten Beobachter eher nach Kaffeesatz-Deutung aussieht. Es empfiehlt sich daher, zwei Antwortstufen mehr anzubieten als für die Auswertung benötigen werden – also z. B. sieben, wenn fünf Stufen für die Auswertung genutzt werden sollen.

Mittlere Kategorie

Ebenfalls zu bedenken ist, ob eine mittlere Antwortkategorie (z. B. die Antwortkategorie 0) eingeführt werden soll. Die folgende Darstellung zeigt ein Item zur Reflexion der eigenen Konfliktfähigkeit, das eine mittlere Antwortalternative beinhaltet (Gäde & Listing, 2003).

Ich scheue persönliche Veränderungen	3 2 1 0 1 2 3	Ich will mich immer wieder verändern, weiterentwickeln

Die Mehrzahl der Autoren (z. B. Mummendey, 1987) plädiert dafür, auf eine mittlere Kategorie zu verzichten, da diese lediglich eine Ausweichmöglichkeit darstellt und für verschiedene Personen sehr verschiedenes bedeuten kann. Deshalb wird sie auch bei Mehrfachwahl-Antworten bewusst weggelassen, z. B.

sehr selten	-3 -2 -1 +1 +2 +3	sehr oft

b) Polung der Antwortskala

Ob die zustimmenden Antworten („trifft zu“) auf der linken oder der rechten Seite der Antwortskala stehen, spielt letztlich wohl keine entscheidende Rolle.

Was jedoch unbedingt vermieden werden sollte, ist, mitten im Fragebogen die „Polung" der Fragen zu wechseln. Denn wenn man einmal erkannt hat, dass die zustimmenden Antworten auf der linken Seite stehen, liest man den Spaltenkopf nicht mehr jedes Mal neu. Die Konsequenzen dieses nachvollziehbaren Verhaltens gehen in zwei Richtungen: Zum ersten wird der Forscher etliche Fragebogen zurückbekommen, bei denen die Antworten seitenweise korrigiert worden sind. Zum zweiten wird er nie erfahren, ob die Fragebögen, die keine Korrekturen enthalten, richtig ausgefüllt worden sind – oder ob die Befragten ihren Irrtum bis zuletzt nicht bemerkt haben.

c) Bezeichnung

Es empfiehlt sich, möglichst einfache Bezeichnungen für die Antwortstufen zu wählen und diese durch den ganzen Fragebogen durchzuhalten! Am besten eignen sich nach meiner Erfahrung Zustimmungsabstufungen: „Trifft voll zu“ / „Trifft weitgehend zu“ / „Trifft eher zu“ etc.

Problematisch sind begriffliche Abstufungen wie „immer – meistens – häufig – oft – gelegentlich – selten – nie“. Auch ohne methodische Haarspalterei steht man hier vor einem methodischen Problem: Ist der Abstand zwischen „meistens“ und „häufig“ tatsächlich gleich groß wie der zwischen „oft“ und „gelegentlich“? Und noch heikler: Ist „meistens“ tatsächlich näher bei „immer“ als bei „häufig“? Falls nein, wäre die Auswertung problematisch, denn die Berechnung statistischer Kennzahlen wäre nicht mehr zulässig.

d) Ja-Nein-Fragen

„Ja-Nein-Fragen“ sind de facto häufig Forced-Choice-Fragen – jedenfalls dort, wo die Realität eine feinere Abstufung zulässt. (Etwa: „Ich finde Produkt XY (a) ausgezeichnet, (b) völlig unbrauchbar.“; siehe auch Abschnitt 5.1.3) „Forced Choice“ nennt man in der Testtheorie die Vorgabe von Antworten, die die Befragten zwingen, sich zwischen vorgegebenen Alternativen eindeutig zu entscheiden

> Beispiel: MBTI-Persönlichkeitsfragebogen: „Bitte füllen Sie den folgenden Fragebogen aus, indem Sie jeweils ein Kreuz unter dem A bzw. dem B machen. Entscheiden Sie sich dabei in jedem Fall für eine Antwortalternative.“

Natürlich kann man fragen: „Was ziehen Sie vor: ein Fußballspiel oder einen Tanzabend?“ Offen bleibt allerdings, wie die resultierenden Antworten zu interpretieren sind. Selbst dort, wo solche Fragen methodisch in Ordnung sind, erzeugt die Notwendigkeit, sich ständig zwischen zwei mehr oder weniger vergleichbaren Alternativen (in der Tat handelt es sich oft um Äpfel und Birnen) zu entscheiden, bisweilen Unbehagen und Akzeptanzprobleme bei den Befragten.

Ausweichmöglichkeiten

Akzeptabel sind „Forced-Choice-Fragen“-Fragen indes dort, wo die Realität ebenfalls nur zwei Möglichkeiten lässt („Ich würde die gleiche Marke wieder kaufen“). Selbst in diesem Fall wäre es jedoch ratsam, die Alternative „weiß nicht“ anzubieten, sonst bringt die Befragung durch die erzwungenen Entscheidungen möglicherweise ein Ergebnis, das „klarer ist als die Realität“. Es suggeriert eine Eindeutigkeit, die in „Wahrheit“ nicht gegeben ist und vermag das tatsächliche Verhalten der Befragten nicht sonderlich gut vorherzusagen.

6.5.4 Probleme mit Ratingskalen

Bei der Beurteilung von Objekten auf Ratingskalen kann es zu messtheoretischen Problemen kommen. Außerdem sind immer wieder Fehleinschätzungen sowie Verzerrungen zu beobachten (Hussy et al., 2012, S. 75). Hervorzuheben sind zunächst zwei auf die Messung bezogene Schwierigkeiten:

(1) Ein erstes Problem betrifft die Frage, ob es gerechtfertigt ist, Urteile auf Ratingskalen als intervallskaliert zu betrachten. Kann man also davon ausgehen, dass die Abstände zwischen den Marken gleich groß sind? Zu dieser Frage existieren unterschiedliche Auffassungen: „Puristen" gehen davon aus, dass Intervallskaliertheit nicht einfach unterstellt, sondern jeweils konkret gesichert werden sollte. „Pragmatiker" postulieren dagegen, dass Analyseverfahren wie zum Beispiel die Varianzanalyse auch dann noch aussagekräftige Ergebnisse liefern, wenn leichte Verstöße gegen die Intervallskaliertheit vorliegen. In dieser Argumentation können Daten, die mittels Ratingskalen erhoben wurden, wie intervallskalierte Daten betrachtet und ausgewertet werden (Hussy et al., 2012, S. 87ff).

Puristen versus Pragmatiker

(2) Eine zweite messtheoretische Problematik kommt zum Vorschein, wenn Beurteilungen mittels derselben Ratingskala je verschiedene Einheiten oder einen je anderen Ursprung voraussetzen. Dies ist beispielsweise dann der Fall, wenn eine Person im Verlauf ihrer Beurteilungen den Bezugspunkt wechselt (intraindividuelle Inkonsistenz) oder wenn verschiedene Personen den Ursprung der Skala je unterschiedlich definieren. Das Problem der intraindividuellen Inkonsistenz lässt sich zumindest mildern, wenn die befragten Personen die Möglichkeit erhalten, vor der eigentlichen Beurteilung alle Objekte kennenzulernen. Außerdem sollten die einzuschätzenden Objekte sich in etwa symmetrisch über die Hälften der Skala verteilen (Hussy et al., 2012, S. 87ff).

Inkonsistenz

Neben messtheoretischen Schwierigkeiten können mit Ratingskalen auch Urteilsfehler einhergehen (Bortz & Döring, 2006, Kap. 4.2.4; Hussy et al., 2012, S. 55, S. 85):

Halo

* *Halo-Effekt* (siehe Abschnitt 6.4): Dieser Fehler bezieht sich auf die Tendenz, die Beurteilung eines Gegenstandes (oder einer Person) hinsichtlich verschiedener Merkmale von der Beurteilung auf einer Kerndimension oder einem Grundgedanken abhängig zu machen. Dieses eine Merkmal bildet einen Hof (einen ‚halo', ähnlich dem Hof des Mondes) für die Beurteilung auf den anderen Merkmalen. Der Fehler tritt vor allem bei der Personenbeurteilung auf: Wer beispielsweise für gutmütig gehalten wird, wird auch als zuverlässig oder freundlich beurteilt. Zu einem Halo-Effekt kommt es besonders dann, wenn das ‚Schlüsselmerkmal' ungewöhnlich oder unklar definiert ist. Verringern lässt sich der Effekt entsprechend, indem klare Informationen über die zu beurteilenden Merkmale und auch über den Fehler selbst gegeben werden.

Milde-Härte

* *Milde-Härte-Fehler:* Dieser Fehler liegt vor, wenn eine Person systematisch entweder zu negativ oder zu positiv beurteilt wird. Vom Ergebnis her ähnelt der Milde-Härte-Fehler dem Halo-Effekt; aller-

dings hängt die Beurteilung hier nicht von einem ‚Schlüsselmerkmal' ab. Das Problem lässt sich verringern, indem die Untersuchungsteilnehmer/innen vor der Beurteilung über den Fehler informiert werden.

Zentrale Tendenz

* *Effekt der zentralen Tendenz:* Darunter wird die Neigung verstanden, Extremurteile zu vermeiden (Tendenz zur Mitte). Die antwortenden Personen meiden den „Außenbereich", also Extremantworten. Einerseits kann dieses Phänomen dadurch erklärt werden, dass die Testpersonen nicht viel an Informationen über sich preisgeben wollen. Andererseits kann es auch dann auftreten, wenn der/die Befragte über das zu Beurteilende nicht genügend Informationen hat. Die Tendenz zur Mitte tritt auch dann auf, wenn die Skalen an den Extrempunkten nicht verankert sind (wenn die Extreme also unklar bleiben). Der Fehler lässt sich vermindern, indem die Untersuchungsteilnehmer/innen hinreichend über die zu beurteilenden Objekte informiert werden. Unter Umständen ist auch eine Neukonstruktion der Skala erforderlich.

Primacy-Recency

* *Primacy-Recency-Effekt:* Der Primacy-Recency-Effekt stellt eine Urteilsverzerrung dar, die mit der Reihenfolge der zu beurteilenden Objekte zusammenhängt. Die falsche Einschätzung tritt auf, wenn als erstes Objekte mit extremer Merkmalsausprägung beurteilt werden. Im Sinne eines Kontrastes kann die Beurteilung der folgenden Objekte dann von der Beurteilung des ersten Objekts abhängen. Bei genauerer Betrachtung lassen sich mögliche Ursachen für Primacy- und Recency-Wirkungen unterscheiden: Befinden sich die Items am Testanfang kann durch mangelndes Instruktionsverständnis oder durch den Warming-up-Prozess eine Veränderung in der Beantwortung entstehen. Was die Items am Testende anbelangt, können sich Veränderungen durch Senkung der Testmotivation oder Ermüdung bemerkbar machen (Raab-Steiner & Benesch, 2012, S. 64).

Interaktion

* *Rater-Ratee-Interaktion:* Bei Personenbeurteilungen können Urteilsverzerrungen in Abhängigkeit von der Position des/der Urteilers/in auf der zu beurteilenden Dimension entstehen. Die Verzerrung tritt vor allem bei Personen mit extremer Merkmalsausprägung auf. Unterschieden werden „Ähnlichkeitsfehler“ und „Kontrastfehler“.

(a) Ähnlichkeitsfehler: Die Merkmalsausprägungen anderer Personen werden der eigenen Merkmalsausprägung angepasst. Ein Mitglied der SPD mag beispielsweise der Meinung sein, dass andere SPD-Mitglieder eine Aufhebung des Kündigungsschutzes in mittleren Unternehmen ebenso ablehnen wie er oder sie selbst – was aber in der Tat gar nicht der Fall ist.

(b) Kontrastfehler: Die Merkmalsausprägungen anderer Personen werden in Richtung auf das andere Extrem verschätzt. Ein Anhänger der FDP mag beispielsweise einem Mitglied der SPD eine viel ge-

werkschaftsfreundlichere Haltung unterstellen, als diese/r sie tatsächlich vertritt.

6.5.5 Skalenniveau der Frage

Messniveau

Die Frage ist das Instrument, mit dem wir messen wollen. Dabei können wir mit diesem Instrument auf verschiedenem Messniveau messen. Vom Messniveau hängt es entscheidend ab, welche Methode der Auswertung angewandt werden darf. Die Körpergröße eines Menschen wird sehr leicht in Zahlen auszudrücken sein, seine Intelligenz oder sein Gesundheitszustand dagegen sehr schwierig. Wovon hängt es ab, wie gut man die Ausprägungen einer Eigenschaft messen kann, also wie gut man sie in Zahlen ausdrücken kann?

Skala

Die „Messlatte", auf der die Ausprägungen einer Eigenschaft abgetragen werden, heißt Skala. Je nachdem, in welcher Art und Weise eine Eigenschaft eines Objektes in Zahlen ausgedrückt (gemessen) werden kann, unterscheidet man Skalen unterschiedlichen Messniveaus:

- Nominalskala
- Ordinalskala
- Intervallskala
- Ratio- bzw. Verhältnisskala.

Die Eigenschaften dieser Skalen sollen nun anhand von Beispielen umrissen werden (Schuchard-Fischer et al., 1980).

Nominalskala

(1) Die Nominalskala stellt die primitivste Grundlage des Messens dar. Beispiele für Nominalskalen sind:

- Geschlecht (männlich – weiblich)
- Religion (katholisch – evangelisch – andere)
- Werbestrategie
(Fernsehwerbung – Anzeigenwerbung – Plakatwerbung)

Nominalskalen stellen also einfache Klassifizierungen dar. Werden die Ausprägungen der Eigenschaft in Zahlen ausgedrückt, z. B. männlich = 1, weiblich = 2, dann dienen diese Zahlen allein der leichteren Handhabung. Solche Kodes erlauben keinerlei rechnerischen Operationen. Man kann allenfalls ihre Häufigkeiten auszählen.

Ordinalskala

(2) Eine Ordinalskala bildet das nächsthöhere Messniveau. Die Ordinalskala erlaubt die Aufstellung einer Rangordnung mit Hilfe von Rangwerten. Beispiele: Sportart A wird Sportart B vorgezogen, Schüler M ist tüchtiger als Schüler N. Die Rangwerte 1., 2., 3., usw. sagen nichts über die Abstände zwischen den Objekten aus. Aus der

Ordinalskala kann also nicht abgelesen werden, um wie viel die Sportart A besser eingeschätzt wird als Sportart B. Daher können ordinale Skalen auch nicht rechnerischen Transformationen wie Addition, Subtraktion, Multiplikation oder Division unterzogen werden. Als Maß für die zentrale Tendenz einer Menge von Rang-Daten wird der Median herangezogen, also derjenige Wert, welcher von der Hälfte der Angaben übertroffen wird (Wosnitza & Jäger, 2006).

Intervallskala

(3) Das nächsthöhere Messniveau stellt die Intervallskala dar. Diese weist gleich große Skalenabschnitte auf. Ein typisches Beispiel ist das Thermometer, das den Abstand zwischen Gefrierpunkt und Siedepunkt des Wassers in hundert gleichgroße Abschnitte einteilt. Häufig wird in erfahrungswissenschaftlichen Untersuchungen eine Intervallskala unterstellt, obwohl die Annahme gleicher Skalenabstände ungeprüft ist. Dies ist z. B. der Fall bei Ratingskalen: Eine Auskunftsperson ordnet einer Eigenschaft eines Objektes einen Zahlenwert auf einer Skala von 1 bis 5 zu. Intervallskalen erlauben die rechnerischen Operationen der Addition und Subtraktion.

Verhältnisskala

(4) Die Ratio- oder Verhältnisskala gilt als das höchste Messniveau. Sie unterscheidet sich von der Intervallskala dadurch, dass zusätzlich ein natürlicher Nullpunkt existiert. Beispiele sind Körpergröße, Einkommen und Zeitdauer. Ratioskalen erlauben alle mathematischen Transformationen.

Die nachfolgende Tabelle 6.3 stellt die vier Skalen mit ihren Merkmalen zusammen:

Tabelle 6.3: Skalen und ihre Messniveaus

Skala	Merkmale	Erlaubte Rechen-operationen	Beispiel
Nominal-skala	Klassifizierung qualitativer Eigenschafts-ausprägungen	Bildung von Häufigkeiten	Geschlecht Familien-stand
Ordinal-skala	Rangwert mit Ermittlung des Median	Ordinal-zahlen	Bildung Schulnoten
Intervall-skala	Skala mit gleich großen Abschnitten ohne natürlichen Nullpunkt	Addition Subtraktion	Temperatur in °Celsius IQ-Punkte
Ratio-skala	Skala mit gleich großen Abschnitten und natürlichem Nullpunkt	Addition Subtraktion Division Multiplikation	Länge Alter

Der folgende Fragebogen soll die verschiedenen Skalenniveaus noch einmal beispielhaft veranschaulichen. Ziel ist die Erfassung der Freizeitinteressen von Jugendlichen (siehe Tabelle 6.4). In Klammern ist jeweils das Skalenniveau vermerkt.

Tabelle 6.4: Beispielerhebung: „Freizeitinteressen Jugendlicher"

(1) Klassenstufe (ordinal)			
5. Klasse	O	8. Klasse	O
6. Klasse	O	9. Klasse	O
7. Klasse	O	10. Klasse	O
(2) Welche Schule besuchst du? (nominal)			
Hauptschule	O	Gymnasium	O
Realschule	O	Gesamtschule	O
(3) Geschlecht (nominal)			
Männlich	O	weiblich	O
(4) Die letzte Zeugnisnote in ... (ordinal)			
Deutsch	O	Englisch	O
Mathematik	O	Religion / Ethik	O

Für die nachstehenden Skalen wird Intervallniveau unterstellt.

Nr.	**Interessengebiet**	**Wie gern übst du die folgenden Tätigkeiten in deiner Freizeit aus?**
01	Jugendzeitschriften lesen	1 2 3 4 5
02	Kinofilme ansehen	1 2 3 4 5
03	Musik hören	1 2 3 4 5
04	Fernsehen	1 2 3 4 5
05	Rumhängen	1 2 3 4 5
06	Ein Jugendhaus besuchen	1 2 3 4 5
07	In die Disco gehen	1 2 3 4 5
08	Sport treiben	1 2 3 4 5
09	Computerspiele spielen	1 2 3 4 5
10	Jugendzeitschriften lesen	1 2 3 4 5

Eigenschaften, Merkmale, Verhaltensweisen werden auf einem bestimmten Messniveau gemessen. In Abhängigkeit vom Skalenniveau sind unterschiedliche mathematische Operationen und Auswertungstechniken zulässig. Bei Ratio-Skalen sind Auswertungstechniken gestattet, die das Maximum an Information bringen.

6.5.6 Wie gelangt man zu Fragen?

Untersuchungsziele

Die Entscheidung darüber, welche Fragen oder Feststellungen in den Fragebogen aufgenommen werden sollen, ist eng mit den Zielen der Untersuchung verknüpft. Was soll eigentlich gemessen werden? Geht es um persönliche Gewohnheiten, Einstellungen, Selbstkonzepte oder Eigenschaften? Welche Fragen sind dafür erforderlich? Auf welche Themenfelder will der Forscher die Aufmerksamkeit der Schüler, Lehrer, Mitarbeiter oder Führungskräfte lenken? Welche Fragenkomplexe eignen sich dafür?

Entscheidende Fragen

Konzeption

Die sorgfältige Beantwortung dieser Fragen ist von nicht zu unterschätzender Bedeutung. Wird hier fahrlässig gearbeitet, besteht die Gefahr, dass die Befragung (ganz gleich ob mündlich oder schriftlich) Ergebnisse liefert, mit denen kaum etwas anzufangen ist – und mit denen infolgedessen auch wenig angefangen wird. Die Wurzel des Problems liegt im Mangel einer klaren Konzeption der Untersuchung. Offensichtliches Ergebnis ist ein Fragebogen, der getreu dem Motto: „Was könnten wir denn noch fragen?“ zusammengebastelt wurde. Umgekehrt hat ein durchdachtes Konzept den großen Vorteil, dass aus dem planlosen Fragen-Sammeln ein fokussiertes und zielgerichtetes Vorgehen wird. Sein Vorzug besteht nicht nur darin, dass hinterher Auswertung und Interpretation leichter gelingen, sondern auch, dass sie zu konkreten, greifbaren Schlussfolgerungen führt.

Quellen zur Gewinnung von Fragen

Sind die ersten Hürden genommen, können die passenden Fragen gesucht werden. Der Forscher kann bei der Zusammenstellung der Elemente des Fragebogens wahlweise oder kombiniert auf unterschiedliche Quellen zurückgreifen:

- aus Theorien ableiten,
- vorhandene Fragebogen sichten,
- eigene Erfahrungen, Alltagsbeobachtungen einbringen,
- Voruntersuchungen durchführen,
- Experten befragen,
- Literaturstudium (Lehrbücher, Fachzeitschriften usw.).

Zahl der Items

Die Anzahl der zu sammelnden Items hängt von der im endgültigen Fragebogen vorgesehenen Item-Zahl ab. Je unsicherer und unklarer der zu messende Gegenstandsbereich ist, desto problematischer dürfte es sein, die Fragebogenkonstruktion mit nur wenigen Items (Fragen, Feststellungen) zu beginnen. Faustregeln für die Anzahl der aufzunehmenden Items sind allerdings schwer zu erstellen.

6.5.7 Von der Gegenstandsbenennung zur Operationalisierung

Welche Fragen gesammelt werden und in welcher Weise die Befragung realisiert wird, hängt wesentlich ab vom Forschungsgegenstand, seiner Benennung und seiner Abgrenzung von anderen Themen. Im Zuge der Gegenstandsbenennung erscheint es zunächst sinnvoll, sich die relevanten Bedingungen des Forschungsvorhabens zu vergegenwärtigen:

- *Zeit:* Welcher Zeitabschnitt sozialer Vorgänge soll erfasst werden: Momentaufnahme, Veränderungen über Wochen oder Monate? Wie viel Zeit und welche Mittel stehen für die Forschung zur Verfügung?
- *Gegenstandsbereich:* Welche Erscheinungen, Situationen oder Menschen sollen/können erfasst werden? Z. B. alle Schüler eines Gymnasiums? Oder nur die Schüler der Sekundarstufe I?
- *Feldzugang:* Wie ist das interessierende Forschungsfeld beschaffen? Angenommen wir wollen Essstörungen bei Schülern untersuchen – (wie) finden wir den Zugang zu den Betroffenen? Welche Verhaltensbereiche wären überhaupt einer Befragung zugänglich?

Vergleichbare Studien

Dies sind nur grobe Hinweise, die in jedem einzelnen Forschungsvorhaben durch weitere eingrenzende Bedingungen ergänzt werden können. Es ist zu empfehlen, bei Problemen der Gegenstandsklärung, die Erfahrungen vergleichbarer Studien zu Rate zu ziehen. Allerdings finden sich von Ausnahmen abgesehen (siehe etwa Atteslander, 2003, S. 40ff.) nur recht spärliche Hinweise auf Vorgänge der Gegenstandsbestimmung.

Variablen

Ist der Forschungsgegenstand geklärt und sind seine Bedingungen bekannt oder eingegrenzt, werden schon bald Merkmale wichtig, die im Verlauf der Forschung als Variablen bezeichnet werden, und die insbesondere für Messvorgänge von Bedeutung sind (siehe auch Kapitel 4). Ein Forschungsbeispiel zum Thema Essstörungen mag dies veranschaulichen. Hier können – in einem Prozess der Operationalisierung – Forschungsgegenstand und dessen Benennung wie folgt aufeinander bezogen werden:

Abb. 6.1: Operationalisierungsschritte für die Gegenstandsbestimmung

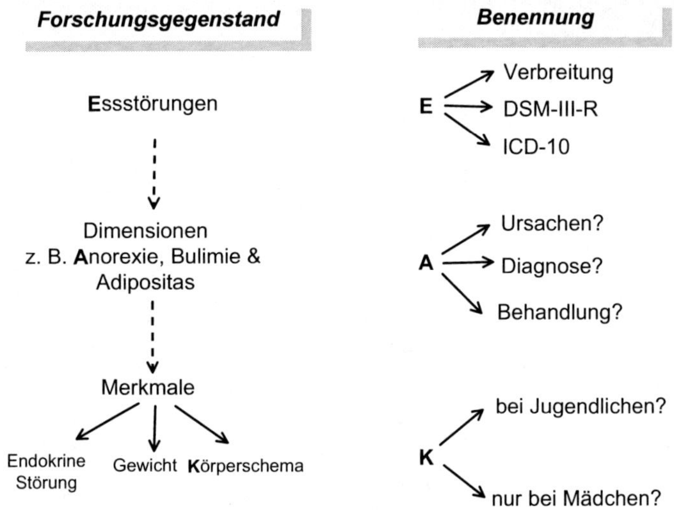

Wie Abbildung 6.1 illustriert, macht sich der Forscher bei der Operationalisierung ein Bild der Gegenstände und Vorgänge. Dieses entsteht in seinen Gedanken und hat mit „Begriffen“ und „Erkenntnis“ zu tun. Auf ihre Definition, Klarheit und Zuordnung kommt es in der Wissenschaft wesentlich an (Atteslander, 2003, S. 44).

Operationalisierung

Unter Operationalisierung versteht man die Schritte der Zuordnung von empirisch erfassbaren (d. h. zu beobachtenden oder zu erfragenden Indikatoren) zu einem theoretischen Begriff. Durch die Operationalisierung werden Messungen der durch einen Begriff bezeichneten empirischen Erscheinungen möglich. In erster Linie stehen zwei Grundfragen im Zentrum

1) *Festlegung der Forschungsmethode:* Mit welchen Methoden können wir das, was wir wissen wollen, erfassen?

2) *Festlegung operationalisierbarer Variablen:* Wie können wir die uns interessierenden Tatbestände (Konzepte) messen?

Beispiel: Qualität der Lehre

Die Anzahl und Reihenfolge der zur Operationalisierung erforderlichen Schritte mag variieren. Dazu ein Beispiel, das in Kapitel 8 weiter ausgeführt werden wird: Wir möchten eine Untersuchung über maßgebliche Faktoren der Qualität der Lehre an Hochschulen durchführen. Zur Stichprobe gehören Studierende einer Hochschule in Deutschland. Der Begriff „Studierende/r“ ist zu definieren (siehe Abbildung 6.2), die relevanten Variablen sind zu benennen und eventuell in Voruntersuchungen zu ergänzen oder zu verändern.

Schließlich sollen Indikatoren gefunden werden, nach denen die Merkmale einzelnen Studierenden zugeordnet werden können.

Folgende Operationalisierungsschritte sind angezeigt:

1) *Formulierung von Hypothesen:* Beispiel: Das Erleben von Selbststeuerung hängt nicht nur von der individuellen Arbeitsintensität, sondern auch von der Qualität der Lehre ab.

2) *Gegenstandsbenennung:* Die Hypothese gilt für alle Studierenden in Deutschland.

3) *Definition* von „Studierende/r", relevanten Variablen (z. B. „Selbststeuerung" und „Qualität der Lehre") und Indikatoren (z. B. einen Lernpartner selbst wählen).

Abb. 6.2: Operationalisierungsschritte als Übersetzung von Begriffen und Indikatoren

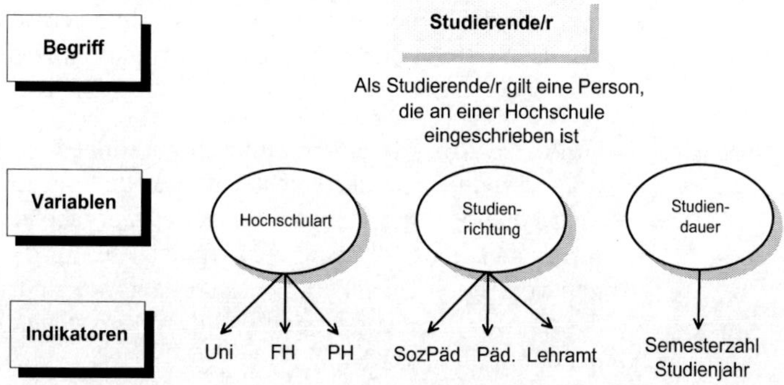

Wie die für diese Studie relevanten Begriffe der Selbststeuerung sowie der Qualität der Lehre operationalisiert werden, wird in Abschnitt 8.4.4 erläutert. Einen ersten Überblick gibt Abbildung 6.3.

Abb. 6.3: Operationalisierung von selbstgesteuertem Lernen

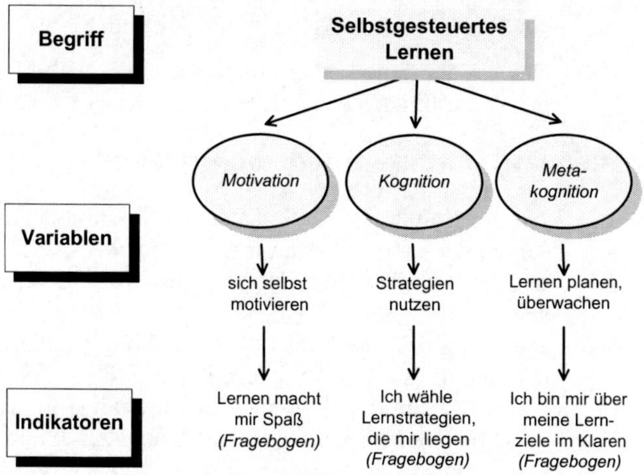

6.5.8 Revision von Items bzw. Fragen

Zu der in Abschnitt 6.5.5 angesprochenen Operationalisierung zählt auch die Wahl oder Konstruktion angemessener Erhebungsinstrumente. Wie kann ein solches Instrument aussehen? Ein guter Fragebogen

- ist in Sprache und Inhalt auf die Befragungsperson ausgerichtet,
- richtet sich nach den Zielen der Untersuchung,
- orientiert sich an den Bedürfnissen der Befragten,
- enthält klare Anweisungen über die Reihenfolge und das evtl. Überspringen von Fragen,
- soll die Arbeit des Auswertens erleichtern durch übersichtliche Darstellung, durch Platzaussparungen für die Verschlüsselung (Kodes) der Antworten.

Test-Personen

Um diese Anforderungen einlösen zu können, empfiehlt es sich, bereits vorhandene oder selbst entwickelte Fragen einer Gruppe von Test-Personen vorzulegen. Zweck der Vorgabe einer Fragebogenvorform ist es, jene Items herauszufinden, die für die mit dem Fragebogen verfolgten Zwecke am besten geeignet sind. Welche Verfahren der Voruntersuchung sinnvoll sind, soll im folgenden Abschnitt 6.5.9 näher erläutert werden.

Selbstbefragung

Alternativ dazu lassen sich die richtigen Fragen mit einem Test herausfinden: Ausgehend von der Annahme, die Antworten lägen dem Forscher bereits vor, schreibt er seine Schätzwerte für die Ergebnisse hinter die Fragen. Was könnte er aus diesen Befunden ablesen? Welche Schlussfolgerungen ließen sich ableiten?

Weitere Verfahren der Voruntersuchung, die im Dienst der Fragebogenkonstruktion stehen, sollen nun genauer betrachtet werden.

6.5.9 Formen und Durchführung von Pretests

Für die Gestaltung von Fragebögen gilt die Maxime, dass auch nach Jahren der Erfahrung und trotz zahlreicher (mehr oder weniger hilfreicher) Publikationen ein perfektes Instrument kaum zu erreichen sein dürfte.

Funktion von Regeln

Die Regeln für die Fragebogengestaltung (siehe Abschnitt 6.4) können allenfalls dazu beitragen, grobe Fehler zu vermeiden. Zugleich bleiben solche Regeln immer unvollständig. Sie lassen den Fragebogenentwicklern Spielräume und beinhalten zahlreiche Ausnahmen. Die Sozialforschung ist deshalb auf spezielle Verfahren angewiesen, welche zuverlässig Auskunft über die Qualität der Instrumente zu

Ziele von Pretests

liefern vermögen. Hervorzuheben ist der Einsatz von Pretests, deren Ziele sich wie folgt beschreiben lassen (Häder, 2006, S. 386):

- Die Verständlichkeit der Fragen zu überprüfen
- Die bei den Antworten aufgetretene Varianz zu ermitteln
- Die Übersichtlichkeit des Fragebogens zu testen
- Schwierigkeiten, die Zielpersonen bei der Beantwortung von Fragen haben, zu erkunden
- Die theoretische Aussagekraft des Fragebogens zu prüfen
- Die Feldbedingungen vorwegzunehmen, um das Funktionieren des vorgesehenen Designs zu ermitteln (bsw. Probebefragung in einer Parallelklasse).

Die Frage, wie Pretests realisiert werden sollen, wird unter Forschern nicht einheitlich beantwortet (siehe die Übersicht bei Häder, 2006, S. 396). Drei der bekanntesten Verfahren sollen nachfolgend besprochen werden.

6.5.9.1 Beispiele für Pretests

Reaktionen werden beobachtet

1. Standard-Pretest / Beobachtungspretest

Beim Standard-Pretest – auch Beobachtungspretest genannt – handelt es sich um die am häufigsten eingesetzte Strategie. Dabei wird die vorliegende Form des Fragebogens einer Anzahl an Zielpersonen präsentiert. Deren Reaktionen bei der Beantwortung beziehungsweise beim Ausfüllen des Bogens werden beobachtet.

Spielräume der Durchführung

Hinsichtlich der Umsetzung dieser Methode existieren beachtliche Spielräume:

- Die Stichprobengröße beträgt gewöhnlich 20 bis 50 Personen.
- Es können entweder Quotenauswahlen, etwa nach den Kriterien Geschlecht und Alter, oder auch Zufallsauswahlen eingesetzt werden.
- Es wird empfohlen, als Interviewer entweder besonders geschulte Personen, oder solche Interviewer, die auch bei der eigentlichen Erhebung tätig werden, oder die Mitglieder der Forschungsgruppe einzusetzen.

Beim Standard-Pretest handelt es sich in der Regel um eine einmalige Befragung unter möglichst realistischen Bedingungen, wobei es um die Beobachtung von Auffälligkeiten und Problemen geht. Ein aktives Hinterfragen durch die Interviewer, etwa zum Verständnis der Indikatoren des Fragebogens, ist nicht vorgesehen.

2. Qualitative Interviews

Frühes Stadium

In einem frühen Stadium der Fragebogenentwicklung können auch qualitative Interviews (siehe Abschnitt 5.1.1) zur Anwendung kommen. Hier handelt es sich um nicht standardisierte Tiefeninterviews, in denen der Interviewer die Zielperson mit dem Fragebogen konfrontiert. Er hinterfragt die zuvor bei der standardisierten Erhebung gewonnenen Antworten oder er erkundigt sich nach möglichen Alternativen. Wichtig ist, dass hier – im Unterschied zur quantitativen Befragung – die persönlichen Ansichten der Zielperson weitgehend den Verlauf des Gesprächs bestimmen. Die Interviewten haben zum Beispiel die Möglichkeit, zu berichten, inwieweit sie sich und ihre Probleme im standardisierten Fragebogen wiedergefunden haben, ob Problemkreise vollständig abgedeckt wurden, wo aus ihrer Sicht die besondere Relevanz der Thematik der Befragung liegt und welche vorgegebenen Antworten für sie unbefriedigend oder unvollständig waren.

Voraussetzung: Schulung

Für qualitative Interviews sind besonders gut geschulte und mit dem Gegenstand der Befragung vertraute Interviewer unerlässlich (Häder, 2006, S. 390).

3. Die Laut-Denken Methode

Kognitive Strategien

Dieses Verfahren ist den kognitiven Strategien der Durchführung von Pretests zuzuordnen. Davon lassen sich „im Feld verwendete" oder auf „Expertenurteilen basierende Techniken" abgrenzen (Häder, 2006, S. 386). Kognitive Ansätze verfolgen das Ziel, bei den Befragten das Frageverständnis sowie deren Vorgehen bei der Informationsbeschaffung und Antwortfindung aufzudecken. Hier liegt auch der Ansatzpunkt des Lauten Denkens, das in mehreren Forschungsfeldern der Kognitiven Psychologie große Anerkennung genießt. Die Methode ermöglicht es, Einblicke in die mentalen Prozesse einer lernenden und/oder denkenden Person zu erhalten. Forscher können Rückschlüsse auf Eindrücke, Gefühle und Absichten der beteiligten Individuen ziehen (Konrad, 2010, S. 473).

Gedanken, Gefühle

In Verbindung mit der Fragebogenentwicklung sieht das Vorgehen so aus, dass die Zielperson zu lautem Denken aufgefordert wird während sie eine Frage beantwortet. Eine entsprechende Anweisung könnte beispielsweise lauten:

Anweisung

„Ich werde Ihnen jetzt gleich eine Frage stellen. Danach fordere ich Sie dazu auf, laut zu denken. Sie sollen bitte alle Gedanken laut aussprechen, die Ihnen durch den Kopf gehen. Bitte beginnen Sie damit, sobald Sie die Frage gehört haben und fahren Sie so lange fort, bis Sie zu einer Antwort gelangt sind. Das müssen natürlich keine ganzen Sätze sein. Sollten Sie einmal ins Stocken kommen, so

werde ich Sie daran erinnern, weiter zu sprechen" (Häder, 2006, S. 392).

Auswertung mit Inhaltsanalyse

Auf der Grundlage der dabei erfolgten Tonbandaufzeichnungen werden die Antworten verschriftet und danach qualitativ ausgewertet (siehe die Methode der Inhaltsanalyse in Abschnitt 5.5 und 5.6).

Zwei Strategien

Zwei Strategien lassen sich bei der Laut-Denken-Technik unterscheiden: Zum einen lautes Denken direkt während der Beantwortung der Frage („Concurrent Think Aloud") und zum zweiten das Rekapitulieren der eigenen Gedankengänge erst nach der Beantwortung der Frage („Retrospective Think Aloud"; Konrad, 2010, S. 473).

Hohe geistige Anforderungen

Besonders die erstgenannte Vorgehensweise stellt hohe Anforderungen an die Zielpersonen. Es hat sich gezeigt, dass bei weitem nicht alle Menschen dazu in der Lage sind, diese Aufgabenstellung zu bewältigen. Dennoch ist die Technik des Lauten Denkens besonders gut geeignet, Probleme vom Verständnis der Frage an bis hin zur Formulierung der jeweiligen Antwort aufzudecken.

6.5.9.2 Konsequenzen von Pretests

Fragen streichen

Was sind nun die Konsequenzen dieser und anderer Pretests? Was ergibt sich daraus für die Fragebogenkonstruktion? Zunächst einmal erscheint es ratsam, unbarmherzig alle Fragen zu streichen, denen entweder keine wichtigen Erkenntnisse entnommen werden können oder die die Aufmerksamkeit der Befragten in die falsche Richtung lenken. Bei Bedarf kann der Forscher zusätzliche Fragen aufnehmen, deren Beantwortung er benötigt, damit er hinterher klare Aussagen machen kann. Dieser Zwischenschritt reduziert das Risiko, dass erst die Auswertung unangenehme Entdeckungen zum Vorschein bringt oder dass für die Weiterarbeit wesentliche Aspekte nicht ausreichend beleuchtet wurden.

Risiko reduzieren

Sprach-gewohnheiten

Bei der daraus resultierenden Revision der Items ist ferner auf die sprachliche Formulierung zu achten. Die sprachliche Gestaltung eines guten Fragebogens ist immer auf die Sprachgewohnheiten der zu untersuchenden Zielgruppe ausgerichtet. Anzustreben ist eine gute Verständlichkeit, keine geschachtelten Sätze, keine doppelten Verneinungen usw. (Diekmann, 2008, S. 479ff.). Bei der Revision der Item-Liste ist ferner die Art der Fragen bzw. die Formulierung von Aussagen in Betracht zu ziehen. Es kann gute Gründe geben, sämtliche Fragen oder Statements in der gleichen Richtung zu formulieren (Mummendey, 1987). Schließlich erscheint es sinnvoll, bei der Revision der Item-Liste auch die Reihenfolge der Darbietung der Items festzulegen. Der in Tabelle 6.5 dargestellte Auszug aus einem Fragebogen soll dies verdeutlichen.

Reihenfolge

Tabelle 6.5: Fragebogen zum Lernen in Schule und Ausbildung

	Treffen die folgenden Aussagen zu?	sehr selten sehr häufig
01	Beim Lernen merke ich, dass eine Gedanken abschweifen	1 2 3 4 5
02	Vor der Bearbeitung eines Textes formuliere ich einige Fragen, um mir eine Zielrichtung vorzugeben	1 2 3 4 5
03	Ich ertappe mich dabei, dass ich mit meinen Gedanken ganz woanders bin	1 2 3 4 5
04	Ich lege im Vorhinein fest, wie weit ich mit der Durcharbeitung eines Stoffs kommen möchte	1 2 3 4 5
05	Beim Lernen bin ich unkonzentriert	1 2 3 4 5
06	Bevor ich neues Lernmaterial gründlich studiere, überfliege ich es oft erstmal, um einen Eindruck von dessen Inhalt zu gewinnen	1 2 3 4 5

Antwortform

Das Beispiel umfasst sechs Aussagen, die sich auf zwei Dimensionen des Lernens beziehen: zum einen Planung und zum zweiten Konzentration. Wie ersichtlich, werden beide Dimensionen abwechselnd in Form von Feststellungen angeboten.

Bei der Revision der Item-Liste kann auch die Frage der angemessenen Antwortform noch einmal aufgenommen werden. Man sieht z. B., ob man eine mittlere Kategorie weglassen kann. In unserem Beispiel (siehe Tabelle 6.5) besteht das Antwortschema aus einer fünffach abgestuften Skala. Ein Nullpunkt ist nicht vorgesehen.

6.5.10 Gütekriterien

Reliabilität und Validität

Ist die Aufgabenanalyse abgeschlossen, muss festgestellt werden, ob der Fragebogen das anvisierte Merkmal wirklich misst (Gültigkeit oder Validität) und ob er es exakt misst (Zuverlässigkeit oder Reliabilität). Solche Fragen müssen vor allem da gestellt werden, wo eine Befragung nicht mehrmals durchgeführt werden kann und wo die Resultate als Indikatoren für bestimmte Eigenschaften der untersuchten Person aufgefasst werden (Traxel, 1974).

6.5.10.1 Validität

Indikatoren für objektive Tatbestände

Befragungsergebnisse sind – insbesondere wenn es um die Erfassung persönlicher Merkmale geht – lediglich Indikatoren für das Vorliegen der eigentlich interessierenden objektiven Tatbestände (Mayntz et al., 1972). Wann misst das Erhebungsinstrument das, was man feststellen möchte und festzustellen glaubt (z. B. ein psychisches Merkmal)? Sehr einfach: Ein Fragebogen zur Merkfähigkeit muss auch tatsächlich Merkfähigkeit messen, und ein Fragebogen, von dem sein Autor behauptet, er messe „soziale Einstellungen“, muss auch tatsächlich diese und nicht etwa „Intelligenz“ erfassen.

Gültigkeitsformen

Außenkriterium

Der Begriff Validität ist ein Oberbegriff für eine Reihe verschiedener spezifischer Gültigkeitsformen. Sie unterscheiden sich lediglich in der methodischen Vorgehensweise, die zur Bestimmung der Gültigkeit gewählt wird. Eine besonders oft benutzte Validierungsmethode zeichnet sich dadurch aus, dass die erhobenen Resultate einer Stichprobe mit außerhalb des Instruments liegenden Vergleichsdaten (Außenkriterium), hinsichtlich des gleichen psychischen oder sozialen Merkmals verglichen werden. Soll etwa die Gültigkeit eines Fragebogens zur „sozialen Einstellung“ überprüft werden, könnte man als Kriterium das Urteil von Lehrern oder Sozialpädagogen heranziehen, wobei diese natürlich die Fragebogenergebnisse nicht kennen dürfen. Im günstigsten Fall müssten beide Messwertreihen in der Weise übereinstimmen, dass die Individuen, die auf den Fragebogenskalen die höchsten / niedrigsten Werte angegeben haben, auch in Bezug auf das Außenkriterium (hier: Urteile durch Fachleute) die höchsten / niedrigsten Messwerte einnehmen.

Expertenurteile

Korrelationsrechnung

Das Maß der Übereinstimmung wird mit Hilfe der Korrelationsrechnung bestimmt (siehe weiterführende Informationen etwa bei Wosnitza & Jäger, 2006). Für das vorangegangene Beispiel lässt sich ein Vierfelderkoeffizient errechnen, der sich aus dem folgenden Schema (siehe Tabelle 6.6) ergibt:

Tabelle 6.6: Vierfeldertafel zur Bestimmung der Validität

		Nach Fragebogen	
		sozial	**unsozial**
Nach Kriterium	**sozial**	54	23
	unsozial	51	17

Korrelation mit verwandten Konstrukten

Alternativ dazu lässt sich die Validität eines Konstrukts durch die Überprüfung der Relationen der zur Erfassung des Konstrukts verwendeten Skalen mit den Testwerten von parallel eingesetzten Fragebögen bestimmen. Exemplarisch gibt die folgende Korrelationsmatrix (siehe Tabelle 6.7) im Sinne der konvergenten Validierung Auskunft über die Beziehungen zwischen den Skalen des Konstrukts „Selbstregulation“ und den Testwerten der parallel eingesetzten verwandten Konstrukte „Internalität“, „Metakognition“ und „Selbstwirksamkeit“. Das Konstrukt kann umso eher als validiert gelten, je mehr die erwarteten positiven Zusammenhänge tatsächlich auftreten.

Tabelle 6.7: Korrelation zwischen Selbstregulation und verwandten Konstrukten

	Verwandte Konstrukte		
	Internalität	**Metakognition**	**Selbstwirksamkeit**
Selbst-regulation	.12	.65	.57

Die Anforderungen, die an die Höhe des Gültigkeitskoeffizienten zu stellen sind, richten sich nach dem speziellen Verwendungszweck. Ein Koeffizient von der Größe 0.6 bis 0.7 wird meist als ausreichend betrachtet. In unserem Beispiel (siehe Tabelle 6.7) kann also vor allem die Nähe der Selbstregulation zu metakognitiven Aktivitäten bestätigt werden.

6.5.10.2 Reliabilität

Merkmal genau erfassen

Von einem Fragebogen zu wissen, was er misst, reicht nicht. Er muss das anvisierte Merkmal genau messen. Wie präzise das Instrument beispielsweise soziale Einstellung oder Lernstrategien erfasst, ist dem Kriterium der Zuverlässigkeit (Reliabilität) zu entnehmen. Ebenso wie bei der Gültigkeit werden auch bei der Zuverlässigkeit verschiedene Formen unterschieden.

Retest-Reliabilität

Wiederholung der Messung

Oftmals wird die Reliabilität bestimmt, indem der Messvorgang wiederholt wird. Die einfachste Möglichkeit, eine wiederholte Messung des gleichen Sachverhalts vorzunehmen, ist die erneute Vorgabe des gleichen Fragebogens an die gleiche Personengruppe zu einem späteren Zeitpunkt. Von entscheidender Bedeutung ist dabei die Zeitspanne zwischen beiden Erhebungen: Sowohl eine zu große als auch eine zu kleine Zeitspanne zwischen Test und Retest können zu falschen Reliabilitätskennwerten führen (aufgrund von Bedingungsschwankungen, Gedächtniseffekten usw.). Diese Bedenken gelten in besonderem Maße für Leistungstests, bei denen die Aufgaben gut im Gedächtnis bleiben. Ein umfangreicher Fragebogen kann dagegen schon nach wenigen Tagen wiederholt werden, da keine Gedächtniseffekte mehr zu erwarten sind.

Identische Messwertreihen

Im Idealfall resultieren aus der Wiederholungsmessung zwei identische Messwerteinheiten. Ihr statistisch berechneter Zusammenhang (Korrelationsanalyse) ergibt den Retest-Reliabilitätskoeffizienten. Die Bestimmung der Re-Test-Reliabilität erfolgt zumeist auf der Basis der so genannten „Split-Half"-Methode. Dabei wird eine Fragebatterie in zwei Hälften geteilt. Es wird also ein Re-Test simuliert. Eine bei Split-Half-Verfahren oft verwendete Aufteilung stellt die „Even-Odd"-Methode dar.

Abb. 6.4: Aufteilung einer Skala nach der Even-Odd-Methode

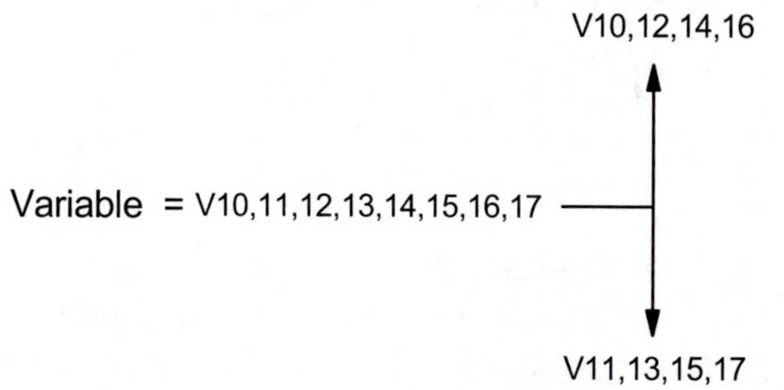

Die Variablen mit geraden Nummern bilden die erste Testhälfte, die Variablen mit ungeraden die zweite Testhälfte. Auf der Basis der Korrelationsmatrix bzw. Kovarianzmatrix beider Testhälften können nun die eigentlichen Zuverlässigkeitsmaße berechnet werden.

Enge des Zusammenhangs

Da jegliche Form der Messung, also auch die Befragung, immer mehr oder weniger mit Fehlern behaftet ist, die die Genauigkeit der Aussage vermindern, wird man praktisch nie einen maximalen Zusammenhang (ausgedrückt im Wert 1) feststellen. Von hoher Zuverlässigkeit kann man daher bereits sprechen, wenn der Koeffizient etwa 0.8 oder 0.9 beträgt. Für Fragebögen wird ein Wert von 0.7 oftmals als Minimalforderung genannt.

Interne Konsistenz

Eigenständiger Test

Will man Erkenntnisse über die Reliabilität gewinnen, kann man auch die innere Konsistenz (Stimmigkeit) des Instruments analysieren. Bei diesem Testverfahren wird jedes Item als eigenständiger Test betrachtet, der das Gleiche zu messen hat wie der Gesamttest (bzw. eine darin enthaltene inhaltlich abgrenzbare Dimension). Formal betrachtet werden die Varianzen der Einzelitems mit der Varianz des Gesamttestergebnisses in Beziehung gesetzt. Den dabei errechneten Koeffizienten bezeichnet man als Konsistenz- oder Alphakoeffizienten: Er informiert über den Beitrag eines jeden Items zum Gesamttestergebnis.

Faktorenanalyse

Zur weiteren Bewertung der internen Konsistenz einer Skala kommt häufig die Methode der Hauptkomponentenanalyse mit anschließender Varimaxrotation zur Anwendung (siehe auch Abschnitt 8.7.1). Ziel der Faktorenanalyse kann es beispielsweise sein, die vorab gewählten Items zu klassifizieren und ihre Ein- bzw. Multidimensionalität zu bestimmen. Eindeutige Itemzuordnungen sind gewährleistet, wenn die relevanten Items auf einer Dimension, d. h. einem Faktor hoch laden. Die Korrelationen zwischen ursprünglichen Variablen und Faktoren (Faktorladungen) sollten oberhalb 0.5 angesiedelt sein.

Steigerung der Reliabilität

Niedrige Reliabilität

Die Frage drängt sich auf, was zu tun ist, wenn sich die Reliabilitätskennwerte, etwa im Rahmen einer Voruntersuchung, als zu niedrig herausstellen. Es gibt folgende Möglichkeiten, um die Reliabilität eines Fragebogens (bzw. einzelner Dimensionen des Fragebogens) zu erhöhen:

- Wenig trennscharfe Items eliminieren,
- den Test so objektiv wie möglich halten,
- den Test durch vergleichbare Items verlängern (z. B. können zwei Paralleltests zu einem zusammengefasst werden),
- eine mittlere Aufgabenschwierigkeit wählen (d. h. dass bei ca. der Hälfte der Befragten die Antwort richtig ist).

Statistik-Software

Die zur Bestimmung von Validität und Reliabilität erforderlichen Berechnungen nehmen moderne Statistik-Pakete (SPSS, STATISTICA, ALMO usw.) in kürzester Zeit vor (Wosnitza & Jäger, 2006). Dennoch oder gerade deshalb ist vor deren leichtfertigen Anwendung zu warnen. Professionelle Hilfe empfiehlt sich vor allen Dingen dann, wenn psychometrische Testverfahren genutzt oder wenn Testverfahren in verschiedenen Stichproben eingesetzt werden.

6.5.11 Fragebogen-Instruktion

Instruktion

Von großer Wichtigkeit für den Erfolg der Befragung ist die Instruktion. Üblicherweise enthält sie die folgenden Punkte:

Alle Sätze durchlesen und mit „Stimmt / Stimmt nicht" beantworten bzw. eine Ziffer ankreuzen;

Sorgfältig formuliert

- die Sätze nacheinander bearbeiten und keinen auslassen;
- so aufrichtig wie möglich antworten;
- Anonymität wird garantiert;
- bei dichotomer Antwortform auch dann eine Entscheidung treffen, wenn dies schwer fallen sollte;
- möglichst zügig antworten.

Von Fall zu Fall kann man darauf hinweisen, dass

- es keine richtigen oder falschen Antworten gibt,
- es nicht um die Messung der Intelligenz, Fähigkeit oder Begabung geht,
- die Untersuchung lediglich Forschungszwecken dient,
- ausreichender Datenschutz gewährleistet ist.

Sorgfältig formuliert

Die Einführung in einen Fragebogen sollte sorgfältig bis ins Detail formuliert werden. Dabei ist jedoch auch zu bedenken, dass ein zu langer Instruktionstext eher verwirrend wirkt und daher unwirksam bleibt, weil nicht alle Instruktionsbestandteile beachtet oder behalten werden. Eine Fragenbogen-Instruktion könnte folgendermaßen aussehen (Mummendey, 1987):

> „Im Folgenden finden Sie eine Reihe von Feststellungen. Bitte kreuzen Sie diejenige Ziffer an, die für Sie persönlich am ehesten zutrifft. Antworten Sie bitte aufrichtig und ohne lange zu überlegen; lassen Sie bitte keine Antwort aus. Die Untersuchung dient ausschließlich Forschungszwecken. Datenschutz ist gewährleistet."

Wie das folgende abschließende Beispiel veranschaulicht, kann die Instruktion verkürzt sein und ganz spezifische Schwerpunkte setzen.

Abb. 6.5:
Eine Fragebogeninstruktion

> Bitte versuchen Sie über die gesamte bisher abgelaufene Lehrveranstaltung einen fairen Durchschnitt zu bilden!
> Bei Fehlmarkierungen bitte die komplette Antwortzeile streichen und die Fragenummer mit der richtigen Antwort hier markieren:

____

____

> Bitte nur so markieren! Mit Bleistift Nr. 2 HB oder Kugelschreiber

	Der/die Lehrende	trifft zu				trifft nicht zu
01	hat die Lehrveranstaltung insgesamt klar strukturiert	O	O	O	O	O
02	wirkt in den Sitzungen gut vorbereitet	O	O	O	O	O
03	gestaltet seine Lehrveranstaltung lebendig und engagiert	O	O	O	O	O

7 VON DER KORREKTEN BEFRAGUNG BIS ZUR VARIABLENGERECHTEN AUFBEREITUNG UND ANALYSE

7.1 Fehler vermeiden

Euphorie

Der Start einer Interview- oder Fragebogenstudie ist vielfach von einer gewissen Euphorie gespeist, die auch die Entstehung des Fragebogens trägt. Irgendwer an der Hochschule, in einem Unternehmen oder in einer freien Initiative entwickelt eine Vorlage oder greift auf eine vorhandene zurück und stellt sie der Projektgruppe vor. Diese ergänzt assoziativ weitere Fragen, bis jemand findet, dass man nun aufhören müsse, weil der Fragebogen sonst zu umfangreich würde. In einem weiteren Schritt wird der Entwurf vermutlich dem Projekt- oder Abteilungsleiter vorlegt, der möglicherweise ein paar Fragen streicht oder ergänzt. Dann ist der Fragebogen fertig und kann verteilt werden. Und alle erwarten oder erhoffen weitreichende Erkenntnisse, zu denen die Befragung führen wird

Katzenjammer bei der Auswertung

Die Ernüchterung kommt bei der Auswertung. Dann steht die Projektgruppe ratlos vor den Datenbergen und fragt sich in vielen Fällen: Was machen wir nun mit den ganzen Informationen? Was bedeuten all diese Zahlen überhaupt? Sind diese unzähligen Zahlenwerte, von denen die meisten eng um den Mittelwert pendeln, eigentlich „gut“ oder „schlecht“? Und welche Schlussfolgerungen lassen sich daraus ableiten? Später bei der Auswertung wird mitunter ein weiteres Problem sichtbar: Man stellt schmerzlich fest, dass trotz der Datenflut wichtige Informationen fehlen, und fragt sich mit schlechtem Gewissen: Warum haben wir das bloß nicht gefragt? In den Kapiteln 6.5.5 bis 6.5.7 erhält der Leser / die Leserin einige Hinweise und Tipps zu Lösung oder Vermeidung solcher Probleme.

Einigen Ärger kann sich der Forscher sparen, wenn er im Zuge der Datenaufbereitung und -analyse sehr sorgfältig vorgeht. Wie die Schritte der Datenaufbereitung und -auswertung sinnvoll gestaltet werden können und welche handwerklichen Fehler vermieden werden müssen, soll nun veranschaulicht werden.

7.2 Datenaufbereitung und Auswertung

Liegen die Ergebnisse einer Befragung vor, setzt die planerische Vorarbeit des Forschers erneut ein. Es stellt sich nun die Aufgabe, über die weitere Verarbeitung der empirischen Daten nachzudenken. Entsprechende Überlegungen sind umso dringlicher, als jede statistische Datenanalyse voraussetzt, dass die Untersuchungsergebnisse in irgendeiner Form numerisch quantifiziert sind. Handelt es sich um eine geschlossene schriftliche Befragung gelingt dies relativ problemlos: Die schriftlichen Angaben bzw. Markierungen auf dem Fragebogen (genauer: den dazugehörenden Skalen) lassen sich auf direktem Weg in Zahlenwerte übertragen.

Exakte Beschreibung

Anders liegt der Sachverhalt bei offenen mündlichen Befragungen. Sollen die daraus resultierenden Untersuchungsergebnisse numerisch quantifiziert werden, sind mehrere Teilaufgaben zu realisieren. Das Augenmerk richtet sich zunächst auf die exakte und angemessene Beschreibung des Untersuchungsgegenstandes, die als zentrales Anliegen qualitativ orientierter Forschung angesehen werden kann (Mayring, 1993).

Mayring (1993) macht die Wahl der Darstellungsmittel von zwei Grundgedanken abhängig:

1) Die Darstellungsmittel müssen dem Gegenstand angemessen sein. Komplexe Sinnzusammenhänge sind wohl als Text im direkten Zitat am besten darzustellen. Sollen Materialien geordnet werden, gewinnen grafische Darstellungsmittel wie Tabellen oder Schaubilder an Bedeutung.

2) Ein kreatives Kombinieren unterschiedlicher Medien erleichtert das Verständnis und die weitere Auswertung.

Quantitative Schritte

Da qualitative Verfahren keineswegs eine Gegenposition zu quantitativen Verfahren, sondern lediglich eine Schwerpunktverlagerung anstreben, können anschließend auch quantitative Schritte in den Darstellungs- und Analysevorgang eingebaut werden. Weit verbreitet ist die quantitative Inhaltsanalyse, die eine Zuordnung der einzelnen Teile eines Textes zu ausgewählten, übergeordneten Bedeutungseinheiten (Kategorien) anstrebt. Die Zuweisung von Textteilen zu Kategorien wird als „Kodierung" bezeichnet. Wie viele Textteile in die verwendeten Kategorien fallen, hängt von der Differenziertheit des Kategoriensystems sowie von den Eigenschaften eines Textes ab. Die Ergebnisse einer quantitativen Inhaltsanalyse bestehen aus Häufigkeitsdaten, die mit entsprechenden Verfahren (z. B. Chi^2-Technik) zu verarbeiten sind. Selbstverständlich ist auch die Überprüfung von Hypothesen gestattet. Zur Unterstützung solcher Analysen existieren mittlerweile mehrere Computerprogramme, die dem Forscher die Arbeit erheblich erleichtern können. Beispiele hierfür finden sich etwa bei Bos und Tarnai (1996) sowie Lissmann (2008).

Kodierung

Rohdaten als Matrix

Die anschließende quantitative Analyse qualitativ oder quantitativ angelegter Erhebungen basiert auf Rohdaten die in Form einer Matrix vorliegen. Obwohl die Vielfalt sozialwissenschaftlicher Fragestellungen, Forschungsgegenstände und -methoden die unterschiedlichsten Ausgangsdaten der statistischen Analyse hervorbringt, können die Rohdaten so organisiert sein, dass sie eine identische Struktur haben: Die Rede ist von der so genannten Datenmatrix (siehe Abbildung 7.1).

Abb. 7.1: Matrix der Rohdaten

Variable 1	**Variable 2**	**Variable 3**	**Variable 4**	**Variable 5**
Nummer der Personen	Gechlecht 1 = männl. 2 = weibl.	Beruf	Kinderzahl	Einkommen
1	1	Angestellter	1	4 000
2	2	Arbeiter	2	2 570
3	2	Beamter	2	6 200
4	1	Arbeiter	3	3 100

Zeilen und Spalten

Eine mit empirischen Daten gefüllte Matrix enthält alle Informationen, die in die aktuelle Analyse eingehen können. Abbildung 7.1 unterscheidet Zeilen und Spalten. Ein Datensatz oder ein Datenvektor ist eine Zeile aus der Datenmatrix, also eine Untersuchungseinheit. Die Untersuchungseinheit ist als Merkmalsträger das Bezugsobjekt der Sozialforschung, in unserem Beispiel das Individuum (z. B. als Befragter). Variablen sind in den Spalten der Datenmatrix lokalisiert. Die Variable oder das Merkmal ist die Eigenschaft, die man in Verbindung mit der Untersuchungseinheit erforscht. Unser Beispiel verwendet die Variablen Geschlecht, Alter, Beruf usw.

Univariat, bivariat, multivariat

Eine mit empirischen Daten gefüllte Datenmatrix kann spaltenweise und zeilenweise ausgewertet werden. Am Anfang der Analyse steht im Allgemeinen die Untersuchung jeder einzelnen Variablen. Diese spaltenweise Auswertung wird *univariate* Auswertung genannt (s. Tabelle 7.1). Die kombinierte spaltenweise Auswertung zweier Variablen bezeichnet man als *bivariate*, die kombinierte spaltenweise Auswertung mehrerer Variablem als *multivariate* Analyse.

Korrektheit der Daten

In einem weiteren Schritt geht es darum, die Daten auf ihre Korrektheit hin zu überprüfen. Dabei ist große Sorgfalt angezeigt, da fehlerhaft eingetragene Daten weit reichende Folgen haben können. Die beste Erhebung nützt nichts, wenn hier unsauber gearbeitet wird. Folgende zwei Fehler treten relativ häufig auf:

1) In einer Zahlenvariablen wurde ein unzulässiges Zeichen, z. B. ein Buchstabe geschrieben.

2) In einer Zahlenvariablen wurde ein Wert geschrieben, der außerhalb der zulässigen Unter- bzw. Obergrenze liegt.

Statistik Software

Während unzulässige Zeichen von allen bekannten Statistikprogrammen automatisch als Fehler markiert werden, erweist es sich für die Bestimmung von Grenzüberschreitungen als sinnvoll, die Ober- und Untergrenzen der Variablen zu überprüfen. Dazu müssen die deskriptiven Daten inspiziert werden (siehe Tabelle 7.1).

Tabelle 7.1: Deskriptive Kennwerte

Variable	Item-zahl	M	SD	UG	OG	
Alter	1	23.5	5.39	18	36	
Geschlecht	1	a)	a)	1	3	←
Note	1	a)	a)	1	4	
Schule	1	a)	a)	1	5	←
Motivation	8	27.73	5.55	14	42	
Lernstrategie	8	20.85	4.06	11	32	

Anmerkungen: M = Mittelwert; SD = Standardabweichung; UG = Untergrenze; OG = Obergrenze; a) Berechnung nicht sinnvoll.

Wir wollen annehmen, dass das Geschlecht mit den Ziffern 1 (= weiblich) und 2 (= männlich) kodiert wurde. Eine 3 verweist auf eine falsch eingegebene Ziffer. Ebenso haben wir die Untersuchung an vier verschiedenen Schulen durchgeführt. Eine Obergrenze von 5 zeigt damit an, dass in einem oder mehreren Datenvektoren falsche Ziffern eingegeben wurden.

Operationalisierung

Sind die Daten in Ordnung ist es (vor allem bei theoriegeleiteten Untersuchungen) notwendig, die interessierenden Konstrukte zu operationalisieren. In unserem Beispiel wird die Motivation mit acht Statements erfasst, die verschiedene Aspekte des hypothetischen Konstrukts „Motivation" beschreiben. Vor der jetzt anstehenden statistischen Analyse dieser Dimensionen, müssen Überlegungen darüber angestellt werden, ob die zu erwartenden Daten diejenigen Eigenschaften aufweisen, die der in Aussicht genommene statistische Test voraussetzt. Ein Test, der zum Beispiel für intervallskalierte Daten gilt (siehe Kapitel 6.5.4), ist für nominalskalierte Daten unbrauchbar. Verlangt ein Verfahren darüber hinaus, dass sich die Messwerte der abhängigen Variablen in einer bestimmten Weise verteilen, muss in Betracht gezogen werden, ob diese Vorgabe voraussichtlich erfüllt oder ob eine andere Verteilungsform wahrscheinlicher ist (Bortz & Döring, 2006).

Verteilungsform

Genauigkeit der Daten

Die Genauigkeit der Daten ist ein weiteres Thema, mit denen sich der Forscher vor der statistischen Auswertung beschäftigen sollte. Zur Bestimmung der Reliabilität kommen als zentrale Analysen die Berechnung der internen Konsistenz sowie der Re-Test-Reliabilität zur Anwendung, die bereits besprochen wurden (siehe Kapitel 6.5.7). Hinweise auf eine möglicherweise erforderliche Modifikation des Fragebogens im Hinblick auf eine höhere Reliabilität und Validität gibt die so genannte Trennschärfe. Die Trennschärfe eines Items ist nach Lienert (1969, S. 93) definiert als die Korrelation des Items mit dem Gesamtpunktwert. Vorausgesetzt wird bei der Berechnung, dass die Variablen in Richtung der Zieldimension kodiert sind und nur eine gemeinsame Zieldimension (z. B. Motivation) messen. Inhaltlich besagt ein hoher Trennschärfekoeffizient, dass die entsprechende Aufgabe „gute" von „schlechten" Teilnehmern bzw. Teilnehmerinnen deutlich unterscheidet, indem gute Probanden die Aufgabe meist richtig und schlechte Probanden die Aufgabe meist falsch beantworten.

Trennschärfe

Tabelle 7.2: Trennschärfeanalyse zur Skala „Angenehmes Auftreten"

Variable	Nr. im Fragebogen	r(i,t)	r(i,t-i)
höflich	1	.87	.83
ordentlich	7	.89	.84
sauber	15	.94	.92
freundlich	24	.92	.87
ehrlich	30	.10	.06

Andere Konzepte

In Tabelle 7.2 bezeichnet r(i,t) die Korrelation des Items i mit dem Gesamtpunktwert t; r(i,t-i) ist die Korrelation des Items i mit dem korrigierten Gesamtpunktwert t-i , der aus allen Items ohne das untersuchte Item i berechnet wird. Den Kennwerten ist zu entnehmen, dass das Item „ehrlich" über eine geringe Trennschärfe verfügt. Offenbar passt es nicht zur Skala „Angenehmes Auftreten" und muss modifiziert oder entfernt werden.

Es ist anzumerken, dass die Berechnung von Trennschärfekoeffizienten auf der Basis von Korrelationskoeffizienten nur einen Zugang zu Bestimmung der Trennschärfe darstellt. Andere Konzepte von Trennschärfe liegen z. B. der Analyse latenter Strukturen oder der Likertskalierung zugrunde (Holm, 1995).

8 DER ABLAUF DER SCHRIFTLICHEN BEFRAGUNG

Empirische Studie

Hauptanliegen dieses Kapitels ist es, die Durchführung einer schriftlichen Befragung an einem Beispiel zu veranschaulichen. Dabei sollen die wesentlichen Schritte einer empirischen Studie – von den ersten Überlegungen, über die Entwicklung eines Fragebogens bis zur Interpretation der Befunde – zur Sprache kommen. Thema der Studie ist die Qualität der Lehre und ihre Zusammenhänge mit hochschulspezifischen Rahmenbedingungen und selbstgesteuerten Lernaktivitäten.

8.1 Allgemeine Problemstellung

Qualität der Lehre

Die Qualität von Lehre und Studium ist zu Recht ein Dauerthema in der hochschulpolitischen Diskussion. Lange Studienzeiten, hohe Fachwechsler- und Abbrecherquoten, überfüllte Hörsäle zu Semesterbeginn, nur noch teilweise gefüllte Hörsäle in der zweiten Semesterhälfte, Klagen über Desorientierung von Studierenden im Hinblick auf Studienanforderungen und effektive Studiengestaltung auf der einen Seite, über ausufernde Stoffpläne und über mangelndes Engagement von Lehrenden auf der anderen Seite sind aus dem Hochschulalltag nicht mehr wegzudiskutieren (Kromrey, 2001).

Aktuelle Probleme

Aktuelle Probleme bei der Vermittlung einer angemessenen Lehre und Bildung verschärfen sich noch aufgrund der öffentlichen Sparpolitik der Länder und des Bundes. Immer mehr Schülern und Studierenden stehen immer weniger Lehrer und Dozenten gegenüber. So wird es immer wichtiger, einen effektiven Unterricht zu gestalten, um auch die in die Kritik geratenen langen Studienzeiten zu verkürzen. Als Maßnahme zur Verbesserung der Studiensituation übernimmt die Hochschulevaluation eine entscheidende Funktion. Die Evaluation besitzt nach Müller-Böling (1997) sowohl eine Funktion zur Qualitätssicherung der Lehre wie auch eine Funktion der Rechenschaftsablegung der Hochschulen gegenüber der Gesellschaft.

Hochschulevaluation

Schwächen der Lehre

Rindermann (2001) sieht die konkreten Ziele von Lehrveranstaltungsbeurteilungen darin, die Schwächen der eigenen Lehre aufzudecken und ein Qualifikationsmaß (Bleibe-, Gehalts- und Berufungsverhandlungen) für Dozenten zu schaffen. Zugleich eröffnen solche Einschätzungen die Möglichkeit, auch universitätsübergreifende Vergleiche der Lehre vornehmen zu können.

8.2 Spezifische Problemstellung

Selbstgesteuerte Lernaktivitäten

Hauptsächliches Anliegen dieser Studie ist die Untersuchung der „Qualität der Lehre“ an einer Hochschule. Annahme ist, dass die von den Teilnehmern wahrgenommene Lehrqualität einerseits von den Rahmenbedingungen des Lernens abhängt und andererseits positive Konsequenzen für das Ausmaß selbstgesteuerter Lernaktivitäten hat. Wie eine Literaturdurchsicht erkennen lässt, liegen im Hinblick auf dieses Forschungsfeld bereits unterschiedliche Vorstellungen und Konzepte (Rindermann, 1999, 2011; Helmke & Krapp, 1999; Helmke, 2003) vor, die Ausgangspunkt eigener Überlegungen und Hypothesen darstellen.

Auf der Grundlage der Aufarbeitung vorhandener Erkenntnisse sowie persönlicher Interessen und subjektiver Theorien über effizientes Lernen an der Hochschule soll den folgenden Fragen nachgegangen werden:

1) Wie beurteilen die Studierenden einer Hochschule die Qualität ihrer Ausbildung?
2) Gibt es substanzielle Zusammenhänge zwischen den Qualitätsurteilen einerseits und der Einschätzung der Studienbedingungen sowie des selbstgesteuerten Lernens andererseits?
3) Welche Bedeutung haben das Geschlecht sowie eine bereits absolvierte Ausbildung für die Beurteilung der Qualität der Lehre?

Schritte

Zur Beantwortung dieser Fragen werden Hypothesen formuliert und überprüft. Im Alltagsleben stellen wir mehr oder minder ständig Hypothesen über das, was wir erleben und wie wir es erklären auf, ohne uns dessen bewusst zu sein. Im vorliegenden Fall geschieht dies bewusst und in einer systematischen Abfolge mehrerer Schritte:

- Hypothesenbildung
- Erstellung des Fragebogens
- Auswahl der Probanden
- Durchführung der Studie
- Hypothesenprüfung
- Hypotheseninterpretation

8.3 Hypothesenbildung

Deduktiv-nomologische Prinzipien

Die vorliegende Untersuchung orientiert sich an deduktiv-nomologische Prinzipien. Aus einer allgemeinen Theorie und bereits vorliegenden Erkenntnissen werden spezielle Aussagen abgeleitet. Die so gewonnenen Vorhersagen oder Erklärungen sind dann mit Hilfe empirischer Untersuchungen zu überprüfen. Statistische Hypothesen werden stets als „Hypothesenpaar" formuliert: Die sogenannte „Nullhypothese“ (H0) steht der „Alternativhypothese" (H1) (auch Forschungshypothese genannt) gegenüber; es ist die Aufgabe von Signifikanztests, diese Hypothesen zu überprüfen.

Alternativ- und Nullhypothesen

Die Nullhypothese „behauptet" meistens, dass es zwischen Gruppen oder Variablen keine Zusammenhänge oder Unterschiede gibt, die Alternativhypothese behauptet, dass Zusammenhänge oder Unterschiede existieren. Deshalb steckt das, was der Untersucher/die Untersucherin glaubt, normalerweise in der Alternativhypothese. Die meisten Alternativhypothesen machen Aussagen über Veränderungen, Unterschiede oder Zusammenhänge.

Zusammenhangshypothesen

1) Zwischen der Qualität des Lehrens und der Erfahrung von Selbststeuerung besteht ein substanzieller Zusammenhang. Studierende, die die Qualität der Lehre positiv beurteilen, sollten ein höheres Ausmaß an Eigenständigkeit erleben. Eine empirische Fundierung erhält diese Annahme durch Studien aus der Selbststeuerungsforschung (Konrad & Traub, 2013; Konrad, 2005, 2014), die die Bedeutung der Anregung und Förderung von Eigenverantwortung und Selbstregulation durch die Lehrperson unterstreichen.

2) Zwischen der Einschätzung der Rahmenbedingungen des Studiums und der Qualität der Lehre besteht ein positiver Zusammenhang. Wer die Rahmenbedingungen des Studiums günstig beurteilt, sollte auch die Qualität der Lehre positiv einschätzen. Zur Begründung können Erkenntnisse der Unterrichtsforschung herangezogen werden, die nahe legen, dass Klassenzimmer, Seminare oder Vorlesungen keine isolierten Einheiten darstellen, sondern Teile von Schulen oder Hochschulen sind, die in einer bestimmten sozialen und organisationalen Umgebung liegen. Die Wahrnehmung und Bewertung dieses Umfeldes durch die Lernenden dürfte deren Einschätzung der Unterrichtsqualität erheblich beeinflussen.

Unterschiedshypothesen

1) Bezüglich der berücksichtigten Dimensionen der Qualität des Lehrens werden keine Unterschiede zwischen Studentinnen und Studenten erwartet. Auch wenn sich männliche und weibliche Studierende hinsichtlich ihrer Leistungen etwa in mathematisch-naturwissenschaftlichen oder sprachlichen Fächern unterscheiden mögen (z. B. aufgrund erlernter Geschlechtsrollenorientierungen), gibt es keine schlüssigen Argumente für die Annahme abweichender Einschätzungen der Qualität der Lehre.

2) Studierende, die bereits ein Studium oder eine Ausbildung absolviert haben, sollten die Qualität des Studiums weniger positiv beurteilen als Befragte, die erstmals studieren. Begründet wird diese Hypothese mit dem Tatbestand, dass aus der vorhergehenden Ausbildung ein breiter Erfahrungsschatz und die realistische Einschätzung notwendiger sowie inhaltsangemessener methodisch-didaktischer Kompetenzen (sowie deren Wirkung) resultiert.

Alternativ- und Nullhypothesen

Aus diesen Haupthypothesen lassen sich nun mehrere zu prüfende Alternativ- und Nullhypothesen ableiten:

Zusammenhänge

1) H1: Es besteht ein Zusammenhang zwischen den Aspekten der Lehr-Lern-Qualität und der Erfahrung von Selbststeuerung.

2) H0: Es besteht kein Zusammenhang zwischen den Aspekten der Lehr-Lern-Qualität und der Erfahrung von Selbststeuerung.

3) H1: Es besteht ein Zusammenhang zwischen den Aspekten der Lehr-Lern-Qualität und den Rahmenbedingungen des Studiums.

4) H0: Es besteht kein Zusammenhang zwischen den Aspekten der Lehr-Lern-Qualität und den Rahmenbedingungen des Studiums.

Unterschiede

1) H1: Es besteht ein Unterschied hinsichtlich der Beurteilung der Qualität des Lehrens und Lernens zwischen Studentinnen und Studenten.

2) H0: Es besteht kein Unterschied hinsichtlich der Beurteilung der Qualität des Lehrens und Lernens zwischen Studentinnen und Studenten.

3) H1: Es besteht ein Unterschied hinsichtlich der Beurteilung der Qualität des Lehrens und Lernens zwischen Studierenden, die bereits eine Ausbildung bzw. ein Studium absolviert haben und jenen, bei denen dies nicht der Fall ist.

4) H0: Es besteht kein Unterschied hinsichtlich der Beurteilung der Qualität des Lehrens und Lernens zwischen Studierenden, die bereits eine Ausbildung bzw. ein Studium absolviert haben und jenen, bei denen dies nicht der Fall ist.

Nachdem es gelungen ist, die Fragestellung zu präzisieren und theoretisch einzuordnen, sind Überlegungen erforderlich, wie die Untersuchung im Einzelnen durchzuführen ist. Da die Entscheidung, eine schriftliche Befragung durchzuführen, bereits gefallen ist, besteht die vordringliche Aufgabe in der Konstruktion des Fragebogens und der Formulierung geeigneter Fragen bzw. Statements.

8.4 Der Fragebogen

8.4.1 Vorüberlegungen

Veranstaltungs-übergreifende Informationen

Für die Befragung in den Vorlesungen, Übungen und Tutorien wird ein allgemeiner Fragebogen entwickelt, der veranstaltungsübergreifende Informationen sowie einige Angaben zur Person erhebt. Der Einsatz eines Fragebogens hat den Vorteil, dass die Antwort der Studierenden qualitativ ein gutes Bild geben, da diese erstens anonym und zweitens aufgrund der großen Zahl repräsentativ sind.

Mit der Befürwortung oder Ablehnung der vorgelegten Aussagen sollen die Befragten ihre Meinung zur Qualität des Studiums äußern. Die Statements konzentrieren sich auf die Beurteilung der Dozenten (z. B. ihre fachliche Kompetenz und ihr didaktisches Geschick), auf die Zufriedenheit mit den Studienbedingungen und auf Möglichkeiten zu selbstgesteuerten Lernaktivitäten. Informationen über ihre Kenntnisse oder ihr fachspezifisches Wissen sind dagegen nicht von Interesse.

Zuverlässigkeit

Um eine größere Zuverlässigkeit der Angaben zu erzielen, wird die Zielrichtung der Befragung eingegrenzt. Das Augenmerk richtet sich auf die Meinung der Befragten zu Ihrem Hauptfach. Die Einschätzung der Qualität der Lehre, der Selbststeuerung usw. soll demnach nicht für das Studium generell erfolgen, da die dort vorfindbare Bandbreite an Lehrveranstaltungen eine eindeutige Einschätzung (und deren Interpretation) erschwert.

Umfang

Eine weitere Vorüberlegung betrifft den Umfang des Instruments. Ein Fragebogen sollte möglichst kurz sein und die Studierenden wenig belasten. Aus diesem Grund sind Redundanzen im Fragebogen zur Lehrevaluation möglichst zu vermeiden. Um dennoch eine hinreichende Breite der Urteile zu ermöglichen, sollte ein quantitativer Fragebogen zwischen 20 und 40 Fragen umfassen.

Experten

Zur Festlegung und Formulierung relevanter Items wurden Experten befragt (Hochschullehrer und Studierende) sowie vorhandene Instrumente gesichtet. Vor dem Hintergrund der so gewonnenen Erkenntnisse werden Statements formuliert und einzelnen Teilthemen zugeordnet. Alle Fragen (außer den demografischen Daten) sind skaliert. Die Bewertungsstufen lauten:

- trifft gar nicht zu (1)
- trifft wenig zu (2)
- teils-teils (3)
- trifft ziemlich zu (4)
- trifft völlig zu (5)

Intervallskala

Die in dieser Weise definierten Antworten erfüllen, von einigen demografischen Informationen (Nominalskalen) abgesehen, die Kriterien, die für Intervallskalen charakteristisch sind. Allerdings finden sich in der Literatur bezüglich der Skalenqualität durchaus unterschiedliche Positionen (siehe Abschnitt 6.5.4: „Messtheoretische Probleme").

Zur Erinnerung: Eine Intervallskala ordnet den Objekten eines empirischen Relativs Zahlen zu, die so geartet sind, dass die Rangordnung der Zahlendifferenzen zwischen je zwei Objekten der Rangordnung der Merkmalsunterschiede zwischen den beiden Objekten entspricht.

8.4.2 Gliederung des Fragebogens

Der Fragebogen gliedert sich in folgende thematische Bereiche:

- Einleitung/Instruktion
- Demografische Angaben
- Qualität der Veranstaltungen/Hauptfach
- Eigenständigkeit/Selbststeuerung
- Rahmenbedingungen

Gliederungspunkte

Die genannten Gliederungspunkte werden als einleitende Fragen formuliert (z. B. „Wie beurteilen Sie die Rahmenbedingungen des Studiums?").

Dieser Aufbau ermöglicht es den Befragten, rasch einen Überblick über die einzelnen Aspekte der Befragung zu gewinnen.

8.4.3 Die Instruktion

Die Instruktion, d.h. die Anleitung zur Itembeantwortung, soll klar und verständlich sein. Eine einmal gewählte Anrede mit „du" oder „Sie" soll beibehalten werden.

Sozial erwünschte Antworten

Als Anredeform im hier vorgestellten Fragebogen wird das förmliche „Sie“ gewählt. Damit soll die nicht völlig auszuschließende Gefahr sozial erwünschter Antworten eingegrenzt werden. Die Instruktion lautet:

> Liebe Studentinnen und Studenten,
>
> Ziel des Fragebogens ist es, die Qualität des Lehrens und Lernens an unserer Hochschule genau zu betrachten. Von Interesse ist zum einen Ihre Einschätzung der allgemeinen Lern-Situation und der allgemeinen Studienbedingungen. Zum anderen ist Ihre Meinung zu Inhalten und Methoden der Lehrens und Lernens von Bedeutung. Die im Fragebogen angesprochenen Aspekte beziehen sich nur auf Ihr Hauptfach. Bitte lassen Sie keine Frage aus. Antworten Sie so aufrichtig wie möglich. Selbstverständlich wird die Befragung anonym durchgeführt. Vielen Dank für Ihre Mitarbeit!

8.4.4 Operationalisierung der relevanten Dimensionen

Unter Operationalisierung wird das Messbarmachen von Konstrukten (Begriffen) verstanden. Es geht um das Problem der Überbrückung oder Verknüpfung von Theorie und Praxis. Beim Geschlecht etwa ist das leicht machbar. Aber wie definiert man das Konstrukt „Qualität der Lehre"? Aufgrund seiner Komplexität empfiehlt es sich hier, mehrere Dimensionen oder Facetten einzubeziehen.

Demografische Daten

1) Ich bin männlich __ weiblich __.

2) Ich bin __ Jahre alt.

3) Ich studiere im __ Semester.

4) Ich habe vor meinem aktuellen Studium bereits eine andere Ausbildung/ein anderes Studium absolviert.

Ja ○	Nein ○
Wenn ja, weiter mit Frage 5	**Wenn nein, weiter mit der folgenden Frage:**
5) Anderes Studium: ___	Wie viele Semester? ___
6) Ausbildung: ________	Welcher Beruf? ________

Qualität der Lehre

Die zur Erhellung der Qualität der Lehre verwendeten Kategorien betreffen die folgenden Bereiche: 1) Inhalt, 2) Didaktik, 3) Eigenschaften der/des Lehrenden, 4) Arbeitsatmosphäre, 5) Begleitmaterial, 6) Organisation.

Wie beurteilen Sie die Qualität der Lehrveranstaltungen in Ihrem Hauptfach?

	Inwiefern treffen die folgenden Aussagen zu	**trifft gar nicht zu**				**trifft völlig zu**
1	Die Dozenten verhalten sich fair	1	2	3	4	5
2	Es werden interessante Themen angeboten	1	2	3	4	5
3	In den Sitzungen herrscht eine angenehme Atmosphäre	1	2	3	4	5
4	Die Dozenten bereiten ihre Veranstaltungen gut vor	1	2	3	4	5
5	Es werden Zusammenhänge zu anderen Themen aufgezeigt	1	2	3	4	5
6	Die Sitzungen sind anregend gestaltet	1	2	3	4	5
7	Die Veranstaltungen sind so strukturiert, dass ich gut folgen kann	1	2	3	4	5
8	Die Sprache der Dozenten ist verständlich	1	2	3	4	5
9	Die Dozenten beherrschen den Gegenstand der Vorlesung souverän	1	2	3	4	5

Selbststeuerung

Die Fragen zur Selbststeuerung betreffen die Wahrnehmung sowie das Erleben selbstgesteuerter Lernaktivitäten aus der Sicht der handelnden Person.

Wie beurteilen Sie Ihre Eigenständigkeit im Hauptfach?

	Inwiefern treffen die folgenden Aussagen zu	trifft gar nicht zu				trifft völlig zu
1	Ich erlebe mich beim Studieren als unabhängig und selbstbestimmt	1	2	3	4	5
2	Ich habe das Gefühl, das zu tun, was ich selber tun will	1	2	3	4	5
3	Ich kann meine eigenen Ideen verwirklichen	1	2	3	4	5
4	Ich fühle mich für mein Lernen selbst zuständig	1	2	3	4	5
5	Ich kann Lernmethoden wählen, die mir liegen	1	2	3	4	5
6	Ich kann über die Organisation des Lerngeschehens (mit)bestimmen	1	2	3	4	5
7	Ich erhalte immer wieder Freiräume zum eigenständigen Lernen	1	2	3	4	5

Rahmenbedingungen

Die Aussagen zu den Rahmenbedingungen thematisieren die Erfahrungen der Befragten mit der institutionellen Lernorganisation und dem Lernumfeld.

Wie bewerten Sie die Rahmenbedingungen des Studiums?

	Inwiefern treffen die folgenden Aussagen zu	trifft gar nicht zu				trifft völlig zu
1	Die Veranstaltungen finden zu günstigen Zeiten statt	1	2	3	4	5
2	Die Veranstaltungen beginnen pünktlich	1	2	3	4	5
3	Die Veranstaltungen enden pünktlich	1	2	3	4	5
4	Die Unterrichtsräume sind angenehm	1	2	3	4	5
5	Pflichtveranstaltungen der verschiedenen Fächer sind zeitlich gut aufeinander abgestimmt	1	2	3	4	5
6	Die Bibliothek verfügt über ein reichhaltiges Sortiment an Literatur	1	2	3	4	5
7	Die Dozenten sind für mich gut erreichbar	1	2	3	4	5
8	Die Studienordnung bietet mir eine Orientierungshilfe bei der Zeitplanung	1	2	3	4	5

Die Verwaltung bietet wertvolle Hilfen bei Fragen und Problemen:

		Inwiefern treffen die folgenden Aussagen zu	trifft gar nicht zu				trifft völlig zu
1	•	Studentensekretariat	1	2	3	4	5
2	•	Prüfungsamt	1	2	3	4	5

8.5 Auswahl der Stichprobe

Hypothesenprüfung

Für explorative Studien ist es weitgehend unerheblich, wie die Untersuchungsteilnehmer ausgewählt werden. Untersuchungen zur Hypothesenprüfung stellen dagegen hohe Anforderungen an die Auswahl der Befragten. Die externe Validität der Untersuchungsergebnisse ist vor allem bei Untersuchungen mit studentischen Stichproben zu problematisieren.

Stichprobe und Grundgesamtheit

Eine gezogene Stichprobe sollte die Grundgesamtheit möglichst genau abbilden. Je besser diese kleine Teilmenge die Population widerspiegelt, desto präzisere Aussagen können über sie gemacht werden. Dies stellt jedoch eine gewisse Herausforderung dar, denn die Repräsentativität kann in den seltensten Fällen im statistischen Sinne erfüllt werden, besonders dann, wenn die Untersucherin/der Untersucher keine oder nur spärliche Hinweise auf die Verteilung der relevanten einzelnen Variablen in der Stichprobe hat (Raab-Steiner & Benesch, 2012; Bortz & Schuster, 2010). Die externe Validität (= Generalisierbarkeit und Repräsentativität) der Untersuchungsergebnisse ist vor allem bei Untersuchungen mit studentischen Stichproben zu problematisieren.

Die Befragung wurde an verschiedenen Wochentagen im Semester durchgeführt. Insgesamt wurden 184 Studentinnen und Studenten befragt. Von diesen 184 Personen waren 36 männlichen und 148 weiblichen Geschlechts. Das Alter der Studierenden variierte zwischen 20 und 37 Jahren.

8.6 Durchführung der Studie

Repräsentative Auswahl

Als zeitlicher Rahmen, für das anstehende Forschungsprojekt steht die Vorlesungszeit zur Verfügung, da nur in diesem Zeitrahmen eine repräsentative Auswahl von Studierenden an der Hochschule anzutreffen ist. Für die Befragung wird die 4. und 5. Semesterwoche veranschlagt. Zu diesem Zeitpunkt ist die Hektik des Semesterbeginns (z. B. durch Verlegungen oder Ausfall von Veranstaltungen, u.a.m.) bereits wieder dem alltäglichen Studienbetrieb gewichen. Außerdem ist es dann auch möglich, Studienanfänger zu befragen, da diese in den ersten Wochen vorwiegend damit beschäftigt sind, sich zu informieren und zu orientieren. Schließlich ist zu bedenken, dass die Eindrücke nach vier Wochen aussagekräftiger sind als zu Beginn eines Studiensemesters. Die Durchführung der Befragung sieht ferner vor, dass jeder Wochentag berücksichtigt wird. Dies ist nötig, um – im Sinne der Erhöhung der externen Validität – Studierende möglichst vieler verschiedener Studienfächer zu erreichen.

8.7 Ergebnisse der Befragung

Ehe die Ergebnisse der Studie zur Sprache kommen, sollen einige Varianten der Datenauswertung thematisiert werden.

8.7.1 Varianten der Datenauswertung

Datenauswertung ist aus sozialwissenschaftlicher Sicht ein komplexes Geschehen und kann eine Vielzahl von Auswertungsverfahren berücksichtigen. Die üblicherweise verwendeten statistischen Methoden lassen sich sinnvoll anhand verschiedener Arten von Fragestellungen klassifizieren. Drei dieser Typen sollen hier vorgestellt werden:

(1) Analyse der Beziehungen zwischen Variablen

Bei der Analyse der Beziehungen zwischen mehreren Variablen kann man drei verschiedene Fälle unterscheiden:

1) Es existieren eine abhängige und mehrere (sich gegenseitig nicht beeinflussende) unabhängige Variablen.

2) Es existieren eine abhängige und mehrere sich gegenseitig beeinflussende, unabhängige Variablen.

3) Die Variablen können nicht in abhängige und unabhängige unterschieden werden.

Die Untersuchung von Variablenbeziehungen mit dem Ziel der Hypothesenprüfung orientiert sich meistens an einer festen Grundstruktur (Raab-Steiner & Benesch, 2012, S. 112):

- Erhebung empirischer Daten, zum Beispiel durch Ausfüllen von Fragebogen.
- Berechnung von Statistiken aus diesen Daten (Stichprobenkennwerte), wie beispielsweise Mittelwerte.
- Verarbeitung dieser Stichprobenkennwerte nach bestimmten Regeln oder Formeln. Ergebnis ist eine „Teststatistik".

- Berechnung, wie wahrscheinlich diese oder eine extremere Teststatistik ist, unter der Annahme, dass in der Population die Nullhypothese gilt.
- Wenn diese Wahrscheinlichkeit gering ist, „glaubt" der Forscher an die Alternativhypothese (signifikant); wenn diese Wahrscheinlichkeit groß ist, „vertraut" er weiterhin auf die Nullhypothese (nicht signifikant).

In Kapitel 8.7.3 soll der Einsatz von zwei Methoden, die Regressions- und die Korrelationsanalyse, anhand eines Beispiels detaillierter dargestellt werden.

(2) Analyse abstrakter Größen

Komplexe Begriffe

In den Sozialwissenschaften sollen häufig nicht nur einzelne Variablen ausgewertet werden; vielmehr geht es darum, komplexe Begriffe zu analysieren. Abstrakte Sachverhalte (z. B. Konstrukte wie „Kontrollüberzeugungen") sollen zum einen messbar gemacht werden, indem sie auf beobachtbare Variablen zurückgeführt werden, und zum anderen durch möglichst wenig Variablen gut repräsentiert werden.

Allgemein handelt es sich hier um Fragestellungen, bei denen die Beziehung zwischen einer Menge von Variablen (direkt beobachtbaren Größen) und einer Menge von nicht direkt beobachtbaren komplexen Größen untersucht werden soll. Die Analyse dieser komplexen Größen, auch Hauptkomponenten oder Faktoren genannt, erfolgt mit der Hauptkomponenten- oder Faktorenanalyse.

Allgemeines zur Faktorenanalyse

Ziel der Faktorenanalyse ist es, Variablen (Merkmale) gemäß ihrer korrelativen Beziehungen in voneinander unabhängige Gruppen zu klassifizieren.

Folgende Steckbrief-Eigenschaften kann man der Faktorenanalyse zuschreiben

- Die Faktorenanalyse ist ein „datenreduzierendes" Verfahren, da eine Vielzahl von Variablen auf eine geringere Zahl von Faktoren abgebildet wird.
- Die Faktorenanalyse ist ein heuristisches, hypothesengenerierendes Verfahren, da die Faktorenanzahl und deren Interpretation in der Hand des Untersuchers liegt (Ausnahme: die konfirmatorische Faktorenanalyse, die ein hypothesentestendes Verfahren darstellt).

Multiple Korrelation

Die Reduktion komplexer Größen auf wenige, statistisch nicht voneinander abhängige Variablen lässt sich auch mithilfe der multiplen

Korrelationsanalyse ermitteln. Ziel dieses Verfahrens ist es, den Zusammenhang zwischen einer Variablen und der Gesamtheit der restlichen Variablen zu bestimmen. Die multiple Korrelationsanalyse ist letztlich nur eine einfache Korrelation zwischen zwei Variablen, wobei eine Variable aus zwei oder mehreren Variablen zusammengesetzt ist. Diese rechnerische Hinzufügung anderer Variablen in eine zunächst nur zwischen zwei Variablen bestehende Korrelation erhöht die Ausgangskorrelation und liefert damit einen erhöhten Erklärungsbeitrag. Wie die Faktorenanalyse stellt die Hauptkomponentenanalyse ein Verfahren dar, das darauf abzielt, die Interpretation einer Korrelationsmatrix formal und intersubjektiv nachvollziehbar zu gestalten (Bahrenberg et al., 1992).

(3) Typisierungsverfahren

Bei der Aufgabe, Personen oder Situationen (wie z. B. Typen erfolgreich Lernender) aufgrund bestimmter Eigenschaften zu klassifizieren, kann man die Clusteranalyse einsetzen. Für die Durchführung dieser Methode gibt es mehrere Varianten. Die bekannteste ist die schrittweise Erzeugung von Clustern; sie sieht zwei Schritte vor:

1. *Quantifizierung der Ähnlichkeit von Objekten anhand eines Proximitätsmaßes*

Quantifizierung

Da in einem vieldimensionalen Raum die Ähnlichkeit von Objekten nicht optisch erfassbar ist, werden diese Ähnlichkeiten anhand eines Proximitätsmaßes untersucht, wobei Proximitätsmaße immer auf Paarvergleichen beruhen, d. h. es werden immer zwei Objekte auf ihre Ähnlichkeit untersucht. Beispiele von Proximitätsmaßen sind die so genannten Distanzmaße (z. B. die City-Block-Distanz oder die Euklidsche Distanz), die zur Ähnlichkeitserfassung von Objekten deren Distanz im geometrischen Raum heranziehen.

2. *Zusammenfassung der Objekte aufgrund des Proximitätsmaßes*

Zusammenfassung

Hier geht es darum, in sich homogene und nach außen heterogene Gruppen zu bilden. Mit Hilfe hierarchischer oder nicht-hierarchischer Verfahren wird über die optimale Zahl der Cluster entschieden und diese werden eingeteilt.

Diskriminanzanalyse

Während die Clusteranalyse versucht, eine große Anzahl von Raumeinheiten zu klassifizieren und Typen zu bilden, verfolgt die Diskriminanzanalyse ein anderes Anliegen: Ihr Ziel ist es, herauszufinden, welcher Gruppe man ein neues Objekt zuordnen muss, dessen Gruppenzugehörigkeit nicht bekannt ist (Erklärung von Gruppenunterschieden).

Die Cluster- und die Diskriminanzanalyse stehen demnach in einem komplementären Verhältnis. Dient die erste der Klassifizierung bzw.

Typisierung, überprüft die zweite Methode das Ergebnis (Bahrenberg et al., 1992).

Bezogen auf die hier präsentierte Studie sollen zunächst die deskriptiven Befunde präsentiert werden. Zum Zweck der Hypothesenprüfung kommen dann die zu Beginn des Kapitels (unter Punkt 1) genannten „Analysen der Beziehungen zwischen Variablen“ zur Anwendung.

8.7.2 Deskriptive Befunde

Deskriptive Kennwerte

Tabelle 8.1 informiert über die relevanten Items und Skalen sowie über deren deskriptive Kennwerte. Für die Kerndimensionen („Summenwerte“) der Studie wird zudem eine Reliabilitätsprüfung (Interne Konsistenzanalyse) durchgeführt. Diese kennzeichnet den Grad der Genauigkeit, mit dem ein bestimmtes Verhaltensmerkmal gemessen wird.

Tabelle 8.1: Deskriptive Ergebnisse und Konsistenzkoeffizienten

	Itemzahl	Mittelwert	Standardabweichung	Cronbachs Alpha
Alter	1	23.00	2.66	-
Semesterzahl	1	5.78	7.07	-
Qualität	9	32.77	4.55	0.80
Selbststeuerung	6	23.22	4.29	0.79
Rahmenbedingungen	10	36.91	6.34	0.70

Wie die Cronbach-Alpha-Koeffizienten ausweisen, erreichen die internen Konsistenzen der verwendeten Skalen ein angemessenes Niveau. Alle Werte überschreiten den kritischen Wert von Alpha >.70.

Erkenntnisse

Welche Erkenntnisse lassen sich für die interessierenden Dimensionen ableiten?

Qualität

Die Qualität der Lehrveranstaltungen („Qualität“; Range = 19-40; M = 32.77) wird insgesamt recht positiv bewertet. Offenbar sind die Studierenden im Durchschnitt mit der didaktisch-methodischen Qualität der besuchten Veranstaltungen zufrieden. Die recht hohen Standardabweichungen der Kennwerte sprechen für eine breite Streuung der Einschätzungen und der dahinter stehenden Erfahrungen. Auch bei der „Selbststeuerung“ (Range = 9-30; M = 23.22) überwiegt eine positive Einschätzung. Der hohe Mittelwert lässt darauf schließen, dass entsprechende Aktivitäten in angemessenem Maße realisiert werden.

Normal-verteilung

Die Einschätzungen zu den Rahmenbedingungen (Range = 19-52; M = 36.92) sind annähernd normal verteilt. Auffällig ist die hohe Standardabweichung der Studienbedingungen, die auf die beträchtliche Bandbreite der Einschätzungen verweist. Bemerkenswert ist, dass die dieser Skala zugeordneten Items zur Verwaltung recht niedrige Ausprägungen aufweisen. Es ist zu vermuten, dass an dieser Stelle Erfahrungen der Frustration oder gar des Kontrollverlusts zum Ausdruck kommen. Um die Gründe dafür zu erfahren, bedarf es einer weiteren Befragung, wobei einige Fragen differenzierter zu fassen sind (z. B. Freundlichkeit, Hilfe, Öffnungszeiten usw.). Auch die Anwendung offener Interviews zu ausgewählten Fragen ist in Betracht zu ziehen.

8.7.3 Hypothesenprüfung

Zur Überprüfung der ersten Hypothese (siehe Kapitel 8.3) werden zunächst Korrelations- bzw. Regressionsberechnungen durchgeführt. Daran anschließend folgen Überlegungen zur Klärung von Unterschiedshypothesen.

A. Zusammenhangshypothesen

Korrelations-berechnungen

Ein erster Hypothesenkomplex thematisiert die Zusammenhänge zwischen Aspekten der Lehr-Lern-Qualität, den Rahmenbedingungen des Studiums und der Erfahrung von Selbststeuerung im Studium.

Im idealen Fall, der in den Sozialwissenschaften (und damit auch nicht in unserem Beispiel) allerdings nie vorkommt, ist die Relation perfekt: Aus der Kenntnis der Ausprägung einer Variablen kann die Ausprägung der anderen Variablen zu 100% bestimmt werden. Solche Zusammenhänge werden „funktional" oder „deterministisch" genannt und sind etwa in der Mathematik oder Physik durchaus zu finden (Raab-Steiner & Benesch, 2012, S. 138).

Anzumerken ist ferner, dass Korrelationsberechnungen lediglich Zusammenhänge und keinesfalls Ursache-Folge-Relationen anzeigen. Eine Korrelation zwischen zwei Variablen ist eine notwendige, aber keine hinreichende Voraussetzung für kausale Abhängigkeiten. Korrelationen können daher nur als Koinzidenzen interpretiert werden. Sie liefern bestenfalls Hinweise, zwischen welchen Merkmalen kausale Beziehungen bestehen könnten.

Die Zusammenhangsanalysen des statistischen Materials erfolgt in zwei Schritten:

1) Im *ersten* Schritt wird die Stärke des Zusammenhangs der Variablen „Rahmenbedingungen“, „Qualität der Lehre“ und „Selbststeuerung“ ermittelt: Besteht zwischen zwei Variablen überhaupt ein Zusammenhang, korrelieren sie miteinander? – daher Korrelationsanalyse.

Ursache-Folge-Relationen

2) Im darauf folgenden *zweiten* Schritt wird die Form des Zusammenhangs der Variablen – darstellbar als Regressionsgerade – ermittelt (wie hängen die Variablen zusammen?), d. h. es wird untersucht, ob ein linearer Trend vorliegt. Wichtig ist: Stellt sich eine Assoziation als nichtlinear heraus, sind die Korrelationstechniken ungeeignet. Ein Zusammenhang folgender Art ist nichtlinear: Mit steigenden x-Werten wachsen auch die y-Werte, aber ab einer gewissen Höhe der x-Werte sinken die y-Werte wieder. Es handelt sich um einen deutlichen Zusammenhang, der aber nicht linear ist (Raab-Steiner & Benesch, 2012, S. 139). Die Begutachtung der grafischen Darstellung der Daten in einem Streudiagramm kann solche komplexen Beziehungen aufklären.

Die Durchführung der Korrelationsanalyse (hier: lineare Einfachkorrelation nach Pearson) gibt das Maß für die Stärke des Zusammenhangs zwischen den psychologischen Konzepten („Selbststeuerung“, „Studienbedingungen“ und „Qualität der Lehre“) an. Der Koeffizient kann Werte zwischen -1 und +1 annehmen. Beträgt der Wert 0, dann sind die Variablen „unkorreliert“; je näher der Betrag des Werts bei 1 liegt, desto stärker ist die Korrelation zwischen den Variablen. Beide hier interessierenden Größen sind metrisch, der vorgeschaltete Kolmogorov-Smirnov-Test auf Normalverteilung deutet nicht auf Abweichungen von der Normalverteilung in der Grundgesamtheit hin.

Tabelle 8.2
Korrelationsanalyse

	Rahmenbedingungen	**Selbststeuerung**	**Qualität der Lehre**
Rahmen	1.00		
Erlebte Selbststeuerung	.46**	1.00	
Qualität der Lehre	.32**	.25**	1.00

Anmerkungen: * $p < .05$; ** $p < .01$

Wie aus Tabelle 8.2 hervorgeht, besteht zwischen den Qualitätsurteilen und der erlebten Selbststeuerung tatsächlich ein signifikanter

Zusammenhang (Irrtumswahrscheinlichkeit: $p < .01$). Auch die Annahme bezüglich der Rahmenbedingungen scheint sich auf der Grundlage der Produkt-Moment-Korrelationen zu bestätigen. Wer die Studienbedingungen günstig beurteilt, schätzt auch die Qualität der Lehre positiv ein.

Wie ist die Tragfähigkeit oder Substanz solcher Befunde zu beurteilen? Für alle statistischen Tests gilt: Ab einer gewissen Stichprobengröße wird jeder noch so geringe Zusammenhang signifikant. Deshalb ist die Kenntnis der Signifikanz alleine nicht ausreichend. Zur Erinnerung: Die Signifikanz eines Ergebnisses hängt einerseits von der Stärke eines Zusammenhangs (= der Höhe der Korrelation) und andererseits von der Stichprobengröße n ab, also davon, auf wie vielen Fällen ein gefundener Zusammenhang beruht.

Faustregel

Es empfiehlt sich daher, mit einem zuvor festgelegten Effekt zu argumentieren, der über die praktische Relevanz informiert. Im Fall der Korrelation ist dieser Effekt der Korrelationskoeffizient. Für seine Einschätzung gilt folgende Faustregel:

Wert	Interpretation
0 < r < 0,2	Sehr schwacher Zusammenhang
0.2 < r < 0,4	Schwacher Zusammenhang
0,4 < r < 0,6	Moderater Zusammenhang
0,6 < r < 0.8	Starker Zusammenhang
0,8 < r < 1	Sehr starker Zusammenhang

In Anlehnung an diese Vorgaben handelt es sich in Tabelle 8.2 um geringe bis mittlere Zusammenhänge. Gleichwohl sind beide vorab aufgestellten Alternativhypothesen aufrechtzuerhalten (Bestätigung von H1).

Nachdem ein linearer Trend nicht nur nach „Augenschein", sondern auch statistisch mit Hilfe der Korrelationsanalyse ermittelt wurde, soll nun im zweiten Schritt die Form dieses Zusammenhangs ermittelt werden. Dies geschieht mit Hilfe der linearen Regression.

Im Unterschied zur Korrelationsanalyse ($r_{XY} = r_{YX}$) wird bei der Regressionsanalyse angenommen, dass eine einseitige Relation besteht (X beeinflusst Y) und dies zuvor auch bekannt ist.Die Regressionsanalyse zählt wohl zu den am häufigsten angewendeten Analyseverfahren. Das Hauptanliegen der Regressionsanalyse ist die Vorhersage von Variablenwerten in der abhängigen Variablen Y aufgrund der Kenntnis der Variablenausprägungen in der bzw. den unabhängigen Variable(n) X bzw. X1, X2, ... (hier: die Vorhersage von „Selbststeuerung" aufgrund der „Qualität der Lehre").

Uni- und bivariate Analyse

Wichtig ist die Unterscheidung zwischen bivariater und multivariater Analyse: Während im bivariaten Fall von einer unabhängigen Variable X auf eine abhängige Variable Y geschlossen wird, wird im multivariaten Fall die Ausprägung der abhängigen Variable Y durch die Linearkombination mehrerer unabhängiger Variablen X1, X2, ... vorhergesagt.

Weil bei der Durchführung praktischer Untersuchungen zumeist nicht mit Grundgesamtheiten gearbeitet wird, sondern nur mit Stichproben sind einige Anforderungen an die Regressionsanalyse zu stellen. Es müssen mindestens folgende Voraussetzungen erfüllt sein:

- X, Y müssen intervallskaliert sein (metrische Variablen).
- Das lineare Modell muss die Beziehung zwischen X und Y adäquat abbilden, d. h. die Form der Beziehung zwischen X und Y ist linear.
- Es darf keine Multikollinearität vorliegen, d. h. die unabhängigen Variablen dürfen nicht miteinander korrelieren.

Die multiple Regressionsanalyse soll nun am Beispiel zweier unabhängiger Variablen (hier: Rahmenbedingungen des Studiums und Qualität der Lehre) für das Erleben von Selbststeuerung veranschaulicht werden:

Regressionsgleichung:

$y' = a + b_1x_1 + b_2x_2$ bzw. $y = a + b_1x_1 + b_2x_2 + e$

Komponenten der Gleichung:

y' = Schätzwert für die abh. Variable (hier: „Erlebte Selbststeuerung“)

y = tatsächlicher Wert für die „Selbststeuerung“

x_1 = unabhängige Variable „Rahmenbedingung“

x_2 = unabhängige Variable „Qualität der Lehre“

a = Regressionskonstante

b_j = Regressionskoeffizienten ($j = 1, 2$)

e = Residuum oder Störgröße

Es sollen die Regressionskoeffizienten für die unabhängige Variable derart bestimmt werden, dass die errechneten Werte für die abhängige Variable dem tatsächlichen Wert möglichst nahe kommen. Um zusätzlich erkennen zu können, wie wichtig die verschiedenen unabhängigen Variablen für die Ausprägung der abhängigen Variablen sind, benötigt man die so genannten Beta-Koeffizienten (= standardisierte Regressionskoeffizienten).

$B_j = b_j$ * Standardabweichung x_1/Standardabweichung x_2

Beitrag der UV

Eingesetzt in die obige Regressionsgleichung erhält man die standardisierte Regressionsgleichung. Darin ist direkt aus den Werten der jeweiligen Beta-Koeffizienten der Beitrag der einzelnen unabhängigen Variablen zur Ausprägung der abhängigen Variablen abzulesen. Je größer Beta, desto stärker ist der Einfluss der unabhängigen Variablen auf die abhängige Variable.

In unserem Beispiel resultieren aus einer Regressionsanalyse zum Einfluss der Qualität der Lehre sowie der Studienbedingungen auf das Erleben von Selbststeuerung die in Tabelle 8.3 übermittelten Daten.

Tabelle 8.3: Regressionsanalyse

	Standard. Regress. koeff.	Erklärte Streuung	Partial-Korrelation	F-Wert
Qualität der Lehre	0.109	0.011	0.116	1.48
Rahmenbedingungen	0.426	0.162	0.416	22.61**
Gesamtanalyse	R = .472	R^2 = .223	F (2, 168) = 15.551**	

Anmerkung: ** p < .01

Ursache-Wirkung

Der Regressionskoeffizient β = 0.426 für „Rahmenbedingungen" hat die folgende Bedeutung: Wenn die Rahmenbedingungen um 1 Einheit zunehmen, dann erhöht sich das logarithmierte Wahrscheinlichkeitsverhältnis ln(p1/p2). Vereinfacht ausgedrückt: Wenn die Rahmenbedingungen um 1 Einheit wachsen und damit positiver eingeschätzt werden, dann nimmt die Wahrscheinlichkeit zu, das Lernen als selbstgesteuert zu erleben. Ein negatives Vorzeichen würde bedeuten, dass sich die Wahrscheinlichkeit verringert. Je (absolut) größer der Regressionskoeffizient ist, umso stärker ist diese Tendenz. Es sei noch einmal darauf verwiesen, dass sich Korrelations- und Regressionsanalysen nur eingeschränkt dazu eignen, die Stärke der Beziehung(en) zwischen sich gegenseitig beeinflussenden Variablen zu ermitteln. Ursache-Wirkungs-Zusammenhänge werden mit diesen Methoden nicht erfasst. Zudem führt der Versuch, ein möglichst hohes Bestimmtheitsmaß für das Regressionsmodell zu erreichen dazu, möglichst solche Variablen in das Modell einzuführen, die einen hohen Korrelationskoeffizienten mit Y aufweisen.

R = r * r; das Bestimmtheitsmaß gibt an, welcher Anteil der Abweichung vom Mittelwert durch die Regressionsfunktion erklärt wird. Ein Bestimmtheitsmaß von 1 würde bedeuten, dass alle Daten auf einer Geraden liegen und durch die Regressionsgerade exakt berechnet werden können.

Pfadanalyse

Da es sich dabei auch um Schein- oder Unsinnskorrelationen handeln kann, besteht die Gefahr, dass das Regressionsmodell zu einem reinen Schätzmodell für Y wird (Bahrenberg et al., 1992, 63ff.). Diese Gefahr lässt sich mithilfe der Pfadanalyse vermeiden (siehe Abbildung 8.1). Typisch für diese Methode ist ein kausalanalytisches Modell, das im Gegensatz zur Korrelations- und Regressionsanalyse stärker Ursache-Wirkungs-Zusammenhänge untersucht. Dieses Verfahren ist nur bei metrischen Skalenniveaus einsetzbar. Für die Analyse der Beziehung nicht metrischer Variablen kommt die Methode der Kontingenztabelle infrage.

Abb. 8.1 Beispiel einer explorativen Pfadanalyse

Bei der explorativen Pfadanalyse wird die Regressionsanalyse wiederholt auf ein rekursives Kausalmodell angewendet.

Beispiel:

Es wird vermutet, dass die soziale Herkunft (V5) die Schulbildung (V6) determiniert, diese die berufliche Leistung (V3), und diese das Einkommen (V7). Die vermutete Kausalstruktur ist also folgende:

V5 → V6 → V3 → V7

Wichtig ist in diesem Zusammenhang die Unterscheidung zweier grundlegender Verfahren:

- *Explorative Pfadanalyse:* Kausale Beziehungen zwischen Variablen werden aufgedeckt; erforderlich ist eine kausale Anordnung der Variablen.
- *Konfirmatorische Pfadanalyse:* Kausalmodell (allgemein: Strukturmodell) ist bekannt, es wird geprüft, wie gut das angenommene Modell den Daten angepasst ist. Für konfirmatorische Pfadanalysen ist Spezialsoftware erforderlich (z. B. LISREL, AMOS).

B. Unterschiedshypothesen

Annahmen zu Unterschieden werden mit Hilfe von t-Test oder Varianzanalyse geprüft. Der t-Test für unabhängige Stichproben vergleicht die Mittelwerte zweier Stichproben. Die Messwerte müssen normalverteilt und die Varianzen in den beiden Stichproben homogen sein, d. h., die Varianzen dürfen sich nicht signifikant voneinander unterscheiden. Die ungerichtete Nullhypothese des unabhängigen t-Tests lautet: „Die Mittelwerte in den Populationen unterscheiden sich nicht." Die dazu korrespondierende Alternativhypothese heißt: „Die Mittelwerte in den Populationen unterscheiden sich." Aufgrund der strengen Voraussetzungen müssen die Daten vor Berechnung des t-Tests auf Normalverteilung (bei kleineren Stichproben vorzugsweise mit dem Kolmogorov-Smimov-Test; siehe beispielsweise Bortz, 2005) untersucht werden.

Univariate Varianzanalyse

Zur Überprüfung der in unserem Beispiel aufgestellten Unterschiedshypothesen soll eine univariate Varianzanalyse mit der Qualität der Lehre als abhängige Variablen und dem Geschlecht sowie der vorausgehenden Ausbildung als unabhängige (nominale) Variablen dienen. Als Entscheidungsgröße für die Annahme oder Ablehnung der Hypothesen gilt die Signifikanz der Haupteffekte der unabhängigen Variablen bei einem kritischen Alpha (= willkürlich festgelegte Wahrscheinlichkeit) von 5%. Sollten signifikante Ergebnisse erzielt werden (Alpha-Fehler < 5 %), resultiert daraus die Annahme der Alternativhypothesen; es folgt ein Vergleich der Mittelwerte der einzelnen Gruppen, um festzustellen, welche Ausprägung die unterschiedlichen Werte annehmen.

Tabelle 8.4: Ergebnisse der univariaten Analyse

Streuungsquelle	Generalisierte Streuung	Eta-Korrelation	F-Wert	df
Gesamtstreuung	1.0000			
Fehlerstreuung	0.9975			172
Alle unabhängigen Variablen zusammen	0.0025	0.0495	0.2113	2
Geschlecht	0.0000	0.0028	0.0013	1
Ausbildung	0.0025	0.0495	0.4227	1

Tabelle 8.5: Mittelwerte

	Männlich	Weiblich	Ausbildung ja	Ausbildung nein
Rahmenbedingungen	31.80	36.42	6.85	6.19
Selbststeuerung	23.42	23.17	3.78	4.31
Qualität der Lehre	32.77	23.77	3.92	4.65

Keine signifikanten Unterschiede

Wie sich in den Tabellen 8.4 und 8.5 ablesen lässt, treten bezüglich der abhängigen Variable keine signifikanten Unterschiede auf. Entgegen den vorgefassten Erwartungen hat die vorausgehende Ausbildung bzw. das Studium keine statistisch fassbare Bedeutung für die Beurteilung der Qualität des Lehrens. Im Hinblick auf das Geschlecht bestätigt sich die erwartete Nullhypothese („Kein Unterschied").

8.8 Diskussion

Nach der statistischen Auswertung aller durchgeführten Analysen sind einige Aspekte zu dieser Studie deutlich sichtbar geworden:

Berechnete Korrelationen zwischen der Frage nach der Qualität und den Aspekten der Selbststeuerung weisen signifikante Ergebnisse auf. Die Qualität der Lehre steht offenbar in enger Verbindung mit der Bewertung eigener Einfluss- und Regulationsmöglichkeiten. Gleiches trifft für die Zusammenhänge mit den Rahmenbedingungen zu. Je günstiger die Studienbedingungen, desto positiver wird die Qualität der Lehre beurteilt.

Handlungs-spielräume

Daraus lässt sich ableiten, dass beide Dimensionen in der Sicht der Befragten untrennbar miteinander verbunden sind und als Indikatoren der „Qualität des Studiums" insgesamt angesehen werden können. Darüber hinaus sind die Rahmenbedingungen positiv mit dem Ausmaß der erlebten Selbststeuerung verknüpft. In der Literatur werden solche Zusammenhänge mit bezug auf das Konzept der Handlungsspielräume erklärt, das als unabdingbare Voraussetzung selbstgesteuerter Lernformen angesehen wird (Cordova & Lepper, 1996; Konrad, 2005, 2014). Werden die Aktivitäten der Lernenden von außen reglementiert und stark vorstrukturiert, so haben sie wenig Gelegenheit, die Fähigkeit zu entwickeln, selbstständig zu lernen. Umgekehrt begünstigt Autonomie im Sinne von Freiheitsgraden für selbstständige Zielstellungen und Entscheidungen für Tätigkeitsinhalte und -formen die Motivation und Souveränität der Lernenden.

Zukünftige Veränderungen

Hier ergeben sich Ansatzpunkte für zukünftige Veränderungen, die durch „Lehrveranstaltungsbewertungen" nur angestoßen werden können.

Letztlich macht eine Überprüfung der Qualität nur Sinn, wenn aus den erbrachten Untersuchungsergebnissen Konsequenzen gezogen werden, die bestehende Missstände beseitigen: „Qualität der Lehre ... kann durch bloße Messung und Qualitätsfeststellung nicht verändert werden" (Rindermann, 1997, S. 193).

Grenzen

Die vorgestellte Studie unterliegt Grenzen, die bei der Bewertung der Befunde zu berücksichtigen sind. Kromrey (1995) gibt zu bedenken: „Ob eine Vorlesung bei den Studierenden geliebt oder abgelehnt wird, ob die Teilnehmer ihre Erwartungen erfüllt sehen oder nicht, das liegt nur in geringem Maße am Dozenten, an der „Qualität der Lehre" in dieser Vorlesung, sondern liegt in erster Linie am Stoff, der zu vermitteln ist". Kromrey spielt damit darauf an, dass schlechte Beurteilungen einer Lehrveranstaltung nicht nur auf Defizite in der Vermittlung des Lehrstoffes zurückzuführen sind, sondern dass das Interesse des Studenten am vermittelten Stoff einen erheblichen Einfluss besitzt.

Ursache-Wirkungs-Relation

Eine zweite Begrenzung betrifft die gewählten statistischen Berechnungen. Aus methodischer Sicht ist anzumerken, dass Korrelations-, Regressions- und Mittelwertsberechnungen keineswegs Aussagen über Ursache-Wirkungs-Relationen, sondern allenfalls über wechselseitige Zusammenhänge zulassen.

9 RÜCKBLICK: VON DER VORBEREITUNG ZUR AUSWERTUNG

Ziel der Ausführungen in diesem Buch war es, einen Überblick zu Prinzipien, Konstruktion und Gestaltung einer Befragung zu vermitteln. Die wichtigsten Punkte sollen abschließend noch einmal zusammengefasst werden.

I. Vorbereitende Überlegungen

- Die Befragung ist die wohl am häufigsten angewandte sozialwissenschaftliche Forschungsmethode. Zur Ermittlung verbalisierter subjektiver Tatbestände ist sie auch das angemessene Verfahren. In ihrer schriftlichen Form kommt sie als Ersatz für zeitraubendere oder kostspieligere Verfahren der direkten Datenerhebung zur Anwendung.
- Jede Befragung stellt eine soziale Situation dar. Dazu gehören sowohl die Menschen, die miteinander sprechen oder einen Fragebogen ausfüllen als auch die jeweilige Umgebung. Der Forscher muss die Einflüsse, die von dieser sozialen Situation ausgehen, registrieren und bei Auswertung und Interpretation in Rechnung stellen.
- Forschungsfragen oder Hypothesen lassen sich sowohl mit der Interviewtechnik als auch mit der Fragebogenmethode überprüfen. Welche der beiden Erhebungsarten vorzuziehen ist, lässt sich nur in Verbindung mit einem konkreten Forschungsproblem klären. Beide Verfahren haben ihre Stärken und ihre Schwächen.
- Die Grounded Theory lässt sich als gegenstands- oder datenverankerte Theorienbildung beschreiben. Untersuchungen, die auf der Basis der Grounded Theory durchgeführt werden, erfordern Fragestellungen, die genügend Freiraum und Flexibilität gewähren, um ein Phänomen in seiner Tiefe erforschen zu können.

II. Mündliche Befragung

- Mündliche Befragungen kommen in unterschiedlichen Varianten zur Anwendung. Die wichtigsten Unterscheidungskriterien sind: a) Ausmaß der Standardisierung, b) Ausmaß der Strukturiertheit, c) Ausmaß der Offenheit, d) Art des Kontaktes, c) Anzahl der befragten Personen und e) Funktion des Interviews.
- Das gute Interview wird durch zahlreiche Faktoren bestimmt. Neben den Merkmalen und Verhaltensweisen des Interviewers ist immer auch die Person des Befragten, die Befragungssituation und der Gegenstand der Befragung in Rechnung zu stellen. Grundvoraussetzung auf Seiten des Interviewers ist dessen Interesse am Menschen und an der untersuchten Problematik. Er muss zudem psychisch belastbar sein und benötigt eine hohe Anpassungsfähigkeit, um mit den verschiedenartigsten Personen eine gelöste Gesprächsatmosphäre herstellen zu können.
- Besonderes Augenmerk ist auf die Auswahl und Formulierung der Fragen zu richten. So sollte sich der Interviewer darüber Gewissheit verschaffen, (a) welche Fragen möglicherweise überflüssig sind, weil man die zu erfragenden Informationen

auch auf andere Weise erhalten kann, (b) ob alle Fragen einfach und eindeutig formuliert sind und auf einen Sachverhalt zielen, (c) ob es negativ formulierte Fragen gibt, deren Beantwortung uneindeutig sein könnte und (d) inwieweit Fragen zu allgemein formuliert sind und daher kaum Erkenntnisgewinn versprechen.

- Eine standardisierte Interviewdurchführung erfordert eine gründliche Vorbereitung. Das Interview beginnt mit zuvor festgelegten Eröffnungsfragen; es enthält neben den eigentlich interessierenden Sachfragen auch instrumentelle Fragen, die dabei helfen, anfängliche Kontakthemmungen zu überwinden und/oder aufgebaute Spannungen auszuräumen. Die befragte Person sollte in einer Weise verabschiedet werden, die sie dazu anregt, an weiteren Gesprächen teilzunehmen.

III. Schriftliche Befragung

- Die Konstruktion eines Fragebogens ist eingebettet in einen Prozess der Planung, Vorbereitung, Durchführung und Auswertung einer Untersuchung. Im engeren Sinne umfasst die Fragebogenkonstruktion Entwurf, Erprobung und Revision eines Fragebogens.
- Die einzelnen Fragen können sich auf mehrere Inhaltsbereiche beziehen. In Betracht kommen vor allem Fragen bzw. Aussagen zu Fakten, Wissen, Beurteilungen (Bewertungen, Meinungen) und Verhaltensweisen. Für alle Fragen gilt die Grundforderung nach Eindeutigkeit. Daraus ergibt sich, dass sich eine Frage stets nur auf einen bestimmten Inhalt beziehen darf.
- Die im Fragebogen verwendeten Fragen müssen nicht in wissenschaftlich-abstraktem Deutsch formuliert sein. Die sprachliche Formulierung sollte sich an der Umgangssprache der befragten Personen orientieren. Schachtelsätze sind ebenso zu vermeiden wie suggestive und stereotype Formulierungen.
- Unter formalen Gesichtspunkten kann ein Fragebogenitem als Aussage (Statement) mit Aufforderung zur Stellungnahme oder als Frage formuliert sein.
- Bezüglich der Antwortmöglichkeiten unterscheidet man offene und geschlossene Fragen. Für welche Form man sich entscheidet, hängt letztlich immer vom Forschungsziel ab. Ist das Vorwissen des Forschers über den Gegenstandsbereich gering, wird er eher zu offenen Fragen greifen.
- Typisch für geschlossene Fragen ist, dass bestimmte Antwortkategorien vorgegeben werden. Bei der Wahl der Vorgaben ist auf drei Aspekte besonders zu achten: (a) auf die Ausgewogenheit (sie müssen gleichermaßen positive und negative Äußerungen gestatten), (b) auf eine vergleichbare soziale Wünschbarkeit der angebotenen Alternativen und (c) schließlich darauf, dass die Anzahl der Antwortmöglichkeiten für den Befragten noch durchschaubar ist.

IV. Auswertung der Daten

- Was die Auswertung der Antworten auf mündliche oder schriftliche Fragen anbelangt, sind wichtige formale Unterscheidungen hervorzuheben. Entsprechend der Art der den jeweiligen Aussagen zugrunde liegenden Maßstäbe kann man unterscheiden zwischen Nominal-, Ordinal-, Intervall- und Ratio- bzw. Verhältnisskalen. Ein Merkmal wird auf einer Nominal-Skala gemessen, wenn es in zwei oder mehr qualitativ verschiedene Kategorien unterteilt ist. Eine Ordinalskala liegt vor, wenn für eine Reihe von Beobachtungen bzw. Feststellungen eine Rangordnung hergestellt wird und damit Angaben über ein Mehr oder Weniger gemacht werden. Die Intervallskala ist dadurch charakterisiert, dass gleichen Differenzen von Zahlen auch gleich große Unterschiede in dem dadurch ausgedrückten Merkmal entsprechen. Die Verhältnisskala (Ratioskala) besitzt darüber hinaus einen echten Nullpunkt, das heißt bei dem Messwert Null ist auch das gemessene Merkmal Null.
- Für die Beurteilung der Datengewinnung wie auch für die Bewertung der Befunde sind die Gesichtspunkte der Zuverlässigkeit und der Gültigkeit von Bedeutung. Unter dem Grad der Zuverlässigkeit (Reliabilität) verstehen wir den Grad der Genauigkeit von Beobachtungen, ausgedrückt durch den Grad der Übereinstimmung zwischen wiederholten Feststellungen desselben Sachverhalts. Die Zuverlässigkeit einer Feststellung gestattet noch keine Aussage darüber, was diese Feststellung bedeutet, d. h. ob und wieweit sie gültig ist für das, was man festzustellen wünscht. Zur Überprüfung der Gültigkeit wird der Zusammenhang (die Korrelation) der gewonnen Daten mit einem Kriterium errechnet.
- Liegen die Ergebnisse einer Befragung vor, setzt die planerische Vorarbeit des Forschers erneut ein. Es stellt sich nun die Aufgabe, über die weitere Verarbeitung der empirischen Daten nachzudenken, eine Datenmatrix zu erstellen und mögliche Fehler in den Rohdaten zu bereinigen.
- Häufig werden drei Kategorien der Forschung unterschieden:
  1) Analyse der Beziehungen zwischen Variablen (z. B. Korrelationsanalyse)
  2) Analyse abstrakter Größen (z. B. Hauptkomponenten- oder Faktorenanalyse)
  3) Typisierungsverfahren (z. B. Clusteranalyse)
- Die eigentliche Datenauswertung erfolgt zumeist unter Verwendung von Statistiksoftware. Trotz der weiten Verbreitung und leichten Handhabbarkeit dieser Programme, ist ein sorgfältiges und fragen- und/oder hypothesengeleitetes Vorgehen angezeigt.
- Üblicherweise umfasst die Datenauswertung zwei Schritte: (1) Deskription der Daten (Häufigkeitsverteilung, Maße der zentralen Tendenz, Streuung usw.) und (2) Überprüfung der Forschungsfragen mit hypothesenprüfenden Methoden (Korrelationsanalyse, Varianzanalyse, Strukturgleichungsmodelle usw.).

LITERATUR

Anastasi, A. (1976). Angewandte Psychologie (2. Auflage). Weinheim: Beltz.

Atteslander, P. (2003). Methoden der empirischen Sozialforschung (10. neu bearbeitete und erweiterte Auflage). Berlin: de Gruyter.

Bahrenberg, G., Giese, E. & Nipper, J. (1992). Statistische Methoden in der Geographie 2. Stuttgart: Teubner.

Bortz, J. (2005). Statistik: Für Human- und Sozialwissenschaftler. Berlin: Springer.

Bortz, J. & Döring, N. (2006). Forschungsmethoden und Evaluation für Human- und Sozialwissenschaftler (4., vollständig überarbeitete und erweiterte Auflage). Berlin: Springer.

Bortz, J. & Schuster, C. (2010). Statistik für Human- und Sozialwissenschaftler (7. Auflage). Berlin: Springer.

Bos, W. & Tarnai, C. (Hrsg.). (1996). Computerunterstützte Inhaltsanalyse in den Empirischen Sozialwissenschaften. Münster: Waxmann.

Bouchard, T. J. (1976). Field research methods: Interviewing, questionnnaires, participant observation, systematic observation, unobtrusive measures. In M. D. Dunette (Ed.), Handbook of industrial and organizational psychology (pp. 363-413). Chicago: Rand McNally.

Cordova, D. I. & Lepper, M. R. (1996). Intrinsic motivation and the process of learning: benefical effects of contextualization, personalization, and choice. Journal of Educational Psychology, 88, 715-730.

Diekmann, A. (2008). Empirische Sozialforschung: Grundlagen, Methoden, Anwendungen (19. vollst. überarb. und erw. Neuausgabe). Reinbek b. Hamburg: Rowohlt Taschenbuch Verlag.

Fowler, F. J. & Mangione, T. W. (1990). Standardized survey interviewing: Minimizing interviewer-related error. London: Sage.

Friedrichs, J. (1984). Methoden empirischer Sozialforschung (12. Auflage). Opladen: Westdeutscher Verlag.

Gäde, E.-G. & Listing, T. (2003). Gruppen erfolgreich leiten. Empfehlungen für die Zusammenarbeit mit Erwachsenen. Mainz: Grünewald.

Glaser, B. & Strauss, A. (1965). The discovery of grounded theory. Chicago: Aldine.

Häder, M. (2006). Empirische Sozialforschung. Eine Einführung. Wiesbaden: VS Verlag für Sozialwissenschaften.

Helmke, A. (2003). Unterrichtsqualität erfassen, bewerten, verbessern. Seelze: Kallmeyer.

Helmke, A. & Krapp, A. (1999). Lehren und Lernen in der Hochschule. Zeitschrift für Pädagogik, 45, 19-24.

Heyer, M. (2010). Motivation der Schüler wird gefördert. Südkurier, 17 (29.04.2010), 18.

Hippler, H.-J., Schwarz, N., Noelle-Neumann, E., Knäuper, B. & Clark, L. (1991). Der Einfluss numerischer Werte auf die Bedeutung verbaler Skalenendpunkte. ZUMA-Nachrichten, 28, 54-63.

Holm, K. (1974). Die Befragung (Band 1). München: Francke-Verlag.

Holm, K. (1995). Das Almo-Statistik-System – Handbuch. Leonding.

Hussy, W., Schreier, M. & Echterhoff, G. (2012). Forschungsmethoden in Psychologie und Sozialwissenschaften. Berlin: Springer.

Ingenkamp, K. & Lissmann, U. (2008). Lehrbuch der Pädagogischen Diagnostik (6., neu ausgestattete Auflage). Weinheim: Beltz.

Jäger, R. S. & Petermann, F. (1995). Psychologische Diagnostik: Ein Lehrbuch. (3. Auflage). Weinheim: Beltz.

König, R. (Hrsg.). (1962). Das Interview. Köln: Kiepenheuer und Witsch.

Konrad, K. & Traub, S. (1999). Selbstgesteuertes Lernen in Theorie und Praxis. München: Oldenbourg.

Konrad, K. & Traub, S. (2013). Selbstgesteuertes Lernen in Theorie und Praxis. München: Oldenbourg.

Konrad, K. (2005). Förderung und Analyse von selbstgesteuertem Lernen in kooperativen Lernumgebungen. Lengerich: Pabst Science Publishers.

Konrad, K. (2008). Erfolgreich selbstgesteuert lernen. Bad Heilbrunn: Klinkhardt.

Konrad, K. (2010). Lautes Denken. In G. Mey & K. Mruck (Hrsg.), Qualitative Forschung in der Psychologie (S. 473-487). Berlin: VS – Verlag für Sozialwissenschaften.

Konrad, K. (2014). Lernen lernen – allein und mit anderen. Wiesbaden: Springer.

Kromrey, H, (1995). Evaluation der Lehre durch Umfrageforschung. In P. P. Mohler (Hrsg.), Universität der Lehre (2. überarbeitete Auflage) (S. 105-128). Münster: Waxmann.

Kromrey, H. (2001). Studierendenbefragungen als Evaluation der Lehre? Anforderungen an Methodik und Design. In U. Engel (Hrsg.), Hochschulranking. Zur Qualitätsbewertung von Studium und Lehre (S. 11-47). Frankfurt/M.: Campus.

Lienert, G. A. (1969). Testaufbau und Testanalyse. Weinheim: Beltz.

Lissmann, U. (2008). Inhaltsanalyse von Texten – ein Lehrbuch zur computerunterstützten und konventionellen Inhaltsanalyse (3., korr. und neu ausgestattete Auflage). Landau: Verlag Empirische Pädagogik.

Mayntz, R., Holm, K. & Hübner, P. (1972). Einführung in die Methoden der empirischen Soziologie (3. Auflage). Opladen: Westdeutscher Verlag.

Mayring, P. (1993). Einführung in die qualitative Sozialforschung (5. neu ausgestattete Auflage). Weinheim: Beltz.

Mayring, P. (2008). Qualitative Inhaltsanalyse: Grundlagen und Techniken (10., neu ausgestattete Auflage). Weinheim: Beltz.

Müller-Böling, D. (1997). Evaluation zur Rechenschaftslegung oder Qualitätsverbesserung. Eine Bestandsaufnahme der Evaluation an deutschen Hochschulen. In H. Altrichter, M. Schratz & H. Pechar (Hrsg.), Hochschulen auf dem Prüfstand. Was bringt Evaluation für die Entwicklung von Universitäten und Fachhochschulen (S. 88-107). Innsbruck: Studienverlag.

Mummendey, H. D. (1987). Die Fragebogen-Methode. Göttingen: Hogrefe.

Raab-Steiner, E. & Benesch, M. (2012). Der Fragebogen: Von der Forschungsidee zur SPSS-Auswertung (3. Auflage). Wien: UTB.

Reinders, H. (2005). Qualitative Interviews mit Jugendlichen führen: Ein Leitfaden. München: Oldenbourg.

Rindermann, H. (1997). Lehrveranstaltungsbewertungen: Erfahrungen und ihre Nutzung für die Fakultätsentwicklung. In H. Altrichter, M. Schratz & H. Pechar (Hrsg.), Hochschulen auf dem Prüfstand. Was bringt Evaluation für die Entwicklung von Universitäten und Fachhochschulen (S. 179-196). Innsbruck: Studienverlag.

Rindermann, H. (1999). Bedingungs- und Effektvariablen in der Lehrevaluationsforschung: Konzeption und Prüfung des Münchner multivariaten Modells der Lehrveranstaltungsqualität. Unterrichtswissenschaft, 27, 357-380.

Rindermann, H. (2001). Lehrevaluation – Einführung und Überblick zu Forschung und Praxis der Lehrveranstaltungsevaluation an Hochschulen. Mit einem Beitrag zur Evaluation computer-basierten Unterrichts. Landau: Empirische Pädagogik.

Rindermann, H. (2011). Persönlichkeit in Lehr-Lern-Kontexten der Schule und Hochschule. In L. F. Hornke, M. Amelang. M. Kersting (Hrsg.), Grundfragen und Anwendungsfelder psychologischer Diagnostik (S. 281-342). Göttingen: Hogrefe.

Saldern, M. v. (1998). Beobachtung und Befragung im Betrieb. Hohengehren: Schneider.

Schattenhofer, K. (1992). Selbstorganisation und Gruppe. Entwicklungs- und Steuerungsprozesse in Gruppen. Opladen: Westdeutscher Verlag.

Scheuch, E. K. (1967). Das Interview in der Sozialforschung. In R. König (Hrsg.), Handbuch der empirischen Sozialforschung, Band 1 (S. 136-196). Stuttgart: Enke.

Schuchard-Fischer, C., Humme, U., Lohrberg, W., Plinke, W. & Schreiner, W. (1980). Multivariate Analysemethoden: Eine anwendungsorientierte Einführung. Heidelberg: Springer.

Schwarz, N., Hippler, H. J., Deutsch, B. & Strack, F. (1985). Response scales: Effects of category range on reported behavior and comparative judgements. Public Opinion Quarterly, 49, 388-495.

Singer, R. (1985). Befragung. In R. Singer & K. Willimczik (Hrsg.), Grundkurs Datenerhebung 2. Beobachtung – Befragung – Einstellungsmessung – Verhaltensanalyse – Versuchsplanung (2. Auflage) (S. 97-133). Hamburg: Czwalina.

Strack, F. (1992). Order effects in survey research: Activative and informative functions of preceding questions. In N. Schwarz & S. Sudman (Eds.), Context effects in social and psychological research (pp. 23-34). New York: Springer.

Strack, F. (1994). Zur Psychologie der standardisierten Befragung. Kognitive und kommunikative Prozesse. Berlin: Springer.

Strauss, A. (1987). Qualitative analysis for social scientists. New York: Cambridge University Press.

Strauss, A. & Corbin, J. (1996). Grounded Theory: Grundlagen qualitiativer Sozialforschung. Weinheim: Beltz.

Teuscher, W. (1959). Die Einbeziehung des Forschers in die Untersuchungsgruppe durch Status- und Rollenzuweisung als Problem der empirischen Forschung. Kölner Zeitschrift für Soziologie und Sozialpsychologie, 11, 250-256.

Traxel, W. (1974). Grundlagen und Methoden der Psychologie. Bern: Hans Huber.

Tversky, A. & Kahnemann, D. (1974). Judgement under uncertainty. Heuristics and biases. Science, 185, 1124-1131.

Wosnitza, M. & Jäger, R. S. (Hrsg.). (2006). Daten erfassen, auswerten und präsentieren – aber wie? Eine elementare Einführung in sozialwissenschaftliche Forschungsmethoden, Statistik und computerunterstützte Datenanalyse (3. akt. u. korr. Auflage) (Forschung, Statistik & Methoden Bd. 1). Landau: Verlag Empirische Pädagogik.